JN111670

売り込みが苦手な人のための

引き出し接客

鈴木夏香

はじめに

もしあなたが、「自分の商品を売るのが苦手」「お客さまと雑談はできるけど、セールスができない」「お試しのお客さまばかりで低単価で疲れている」ならば、ぜひ本書を読んでください。これはあなたのための本です。

お客さまへの質問により真のニーズを引き出すことが、売り上げに結びつきます。極端な話、商品そのものは問題ではありません。それよりも、**お客さまの悩みや目指す未来を深いレベルで引き出してこそ、お客さまが「買いたい」と言ってくれる**のです。

それは難しいテクニックではありません。ただ、お客さまに心からの興味を持って、深く質問していきます。それだけで、私も月商１００万円を実現しましたし、同じ方法で売り上げを2倍、3倍と増やしていく仲間が続出しています。

はじめまして、私は鈴木夏香と申します。

百貨店に勤め、研修時に「接客大賞」を受賞しました。その実績を買われて、新卒にもかかわらず、新店舗の準備スタッフとして婦人服の売り場の構築、新入社員への研修を担当しました。

その後、結婚をして副業に目覚め、ＷＥＢやブログを使い、総額４０００万円以上売り上げるなど、ビジネスの世界で頑張っていました。が、１日中パソコンの前で仕事をしていることにストレスを感じるようになりました。

もともと接客が大好きな私は、人と接する仕事をもう一度したい！と思い、その結果選んだのが「自宅サロン」の開業だったのです。

しかし、サロン経営はいきなり壁にぶちあたります。技術や資格さえあれば、勝手にお客さまがリピートしてくれるものだと思っていたのですが、リピートが取れない、低単価の商品しか売れない……。それならば、新しい技術を身につければ良くなるのではないか、そう考えて多くの時間とお金をつぎ込みました。しかし、技術は習得したものの、それで売り上げが上がることはありませんでした。

しかし、その後に転機が訪れます。技術ではなく、経営を学ぶための講座を受講したときのことです。**大事なのは技術ではなく、接客、つまりお客さまとのコミュニケーションだった**と気づいたのです。

それに気づいてから、私は変わりました。

お客さまにどんどん深掘り質問をしていったのです。するとお客さまの表情がみるみる変わっていきました。

質問をするとお客さまがイキイキと話をしてくれる。話の中で、お客さまの真の悩みや目指す未来が描かれていきます。

こんなプロセスを経ると、お客さまは自ら「次回予約します」「買います」と言ってくれるようになり、クロージングは一切不要となりました。自然とリピートが取れるようになり、売り上げも上がっていきます。自宅の小さなサロンで最高月収は100万円、リピート率はなんと90％となったのです。

その後、腰を痛めてサロンは続けられなくなりますが、この「引き出し接客」を売り込みが苦手な方に知らせたい！と思い、小さなサロンのコンサルタントに転身しました。

私が運営するサロン経営講座では、受講生さんが次々と素晴らしい成果を出されています。一例を挙げるとこんな感じです。

◆クーポンサイトからのリピート率が90％を超えたセラピスト
◆体験会からの成約率が90％以上になった書道教室の先生
◆たった2か月で売り上げが10万円から160万円以上になった婚活カウンセラー
◆妊活中にオンラインでセールスをして20万円の講座が売れたセラピスト
◆初回体験レッスンからの成約率が99％以上になったパン教室の先生
◆4か月で1000万円以上売り上げたスピリチュアルカウンセラー
◆初回体験から50万円以上の講座が売れた子育てコーチ

こんな結果を聞くと「その人たちは、もともと特別な才能があったんじゃないの」と思われるかもしれません。

でも、そんなことはありません。彼女たちは最初に出会ったとき、「セールスに自信がないんです」「どうしても売り込めないんです」と、昔の私のような状態でした。

しかし、そこから、みるみる成果を出されていきました。

本書ではそんな「引き出し接客」のノウハウを惜しみなくお伝えいたします。本書を読んで、それを実践されれば、あなたもお客さまを自分のファンにして、売り上げを大きく上げることができるでしょう。

ようこそ、「引き出し接客」の世界へ。

今はネットの時代なので、買う気のあるお客さまの多くは、ネットで購入していま す。それでは、あえてお店で接客を受けるお客さまは何を求めているのか?

まず、それをお伝えすることから始めましょう。第1章へ進んでください。

目次

第2章　引き出し接客は、お客さまの未来が叶う究極のカウンセリング！

第3章 お客さまを迷わせず背中を押す、売り込まないクロージング

第4章 接客業に関わる9割の人が勘違いしている考えや行動

第5章 長くお客さまに通い続けて頂くためには？

ブックデザイン・DTP　土屋裕子
イラスト　須澤彩夏
編　集　岩川実加

第1章

今の時代に求められている接客とは？

1

本人すら気づいていない、お客さまの真のニーズをつかむ魔法の鍵

集客の専門家としてお客さまのニーズに向き合い続け、あることに気づきました。それは、**目的が不明確なお客さまが昔に比べて現代はとても増えている**、ということ。

その理由は様々です。多すぎて洪水のようになっている情報。先を考えられなくする日々の疲れ。コロナ禍や戦争、年金など、山積みの問題——。希望が持てずに現状維持に精いっぱいで、安全な道を取ろうと貯金に勤しむ……本当はやりたいことがあるはずなのに、「お金がないから」と自分の気持ちにフタをしてしまう……最近、そんな方が実に多いと感じます。

私が大学を卒業した頃も、就職氷河期だったので、未来に期待はしていませんでした。しかし、現代人が受けるプレッシャーは増す一方ではないでしょうか。ＳＮＳ疲

れや過度に人の目を気にする傾向は、希望が持てない現状の象徴のように思えます。

お客さまだけでなく、売る側も自分の目的を把握していないこともしばしばです。

サロン集客のセミナーを開くと、経営者である受講生さんたちは第一に「今すぐ売り上げを上げたい！」「お金を稼ぎたい！」と仰います。

買う側と売る側、どちらも抱えているお金の悩み。

しかし、それは本当に解決したい悩みなのでしょうか？

確かめるための、魔法の鍵があります。

それは質問を通して、

「本当は、どう生きたいんですか？」

と、問いかけてみること。

質問を重ねていくうちに、実はお金の問題は大したことじゃないと皆さん気づいていきます。その代わり、**「本当は、こう生きたい！」「本当は、ああしたい！」と、ご自身の本心に辿り着く**のです。

この本心こそが、人生の真の目的。

誰もが持っている、〝本当になりたい自分〟です。

お金以外の悩みが隠れているときもあります。例えば、肩こりを解消したくてサロンに来たお客さま方。「肩こりがよくなったら、何かしたいことってありますか?」と尋ねると、最初は驚いたご様子ですが、次第に「肩こりがよくなったらしてみたいこと……なんだろう?」と考え始めます。

そして、

「諦めかけていたスポーツ、またやってみたいかも」

「身体が重くて嫌になってたけど、色々やってみたいことがあったんだった」

と、肩こりを解消した先にある真の目的を、次々に思い出していくのです。

別の例では、恋愛相談で占い師の元へ訪れたお客さま。質問を重ねていくうちに、実際に悩んでいたのは恋愛ではなく、どうやって生きていくかだと気づきました。それを叶えるためには、幼少期のトラウマを癒して、目の前の問題を解決する必要があるのだ、という結論が出てきて、目から鱗といったふうでした。

このように、質問はお客さまが抱えている本当の問題を明らかにし、真になりたい自分、手に入れたい未来のイメージを引き出します。

そのイメージこそ、お客さまが「買いたい！」と言いたくなる原動力！

商品を売り込まなくても自然と売れてしまうヒミツは、ここにあるのです。

事例のように、お金・肩こり・恋愛といった表面的な悩みに囚われた結果、現代人は目的があいまいになってしまいがち。

だからこそ、**本当の願いを導く質問は、接客する上で欠かせないスキル**です。

お客さまの本心を自由自在に引き出して、お客さまから続々と「買いたい！」と言われるようになる――本書を通して、そんな質問力をぜひとも身につけていきましょう。

POINT

「お金がない」に隠されたお客さまの真の悩みを、質問で引き出す

2

質問で買わずにいられなくなる、引き出し接客3ステップ

お客さまの真のニーズを引き出す質問には、3つのステップがあります。

①外堀をドンドン埋めて、お客さまの価値基準を知る
②数字を使って聞いてみることで、現状を認識してもらう
③地獄&天国トークで真のニーズをイメージしてもらう

それぞれ順番に見ていきましょう。

①外堀をドンドン埋めて、お客さまの価値基準を知る

買ってもらうには、お客さまの真のニーズをつかむのが大切。しかし、いきなり「あなたの悩みを聞かせてください」と言っても、本音は聞かせてもらえません。

まず、お客さまがどうしてその商品・サービスが気になったのかを質問しましょう。

例えばサロンなら、「いっぱいある中から、どうしてうちを選ばれたんですか？」「他のお店に行かなかった理由、ぜひ教えてください」という感じです。

お客さまは、「ホームページを見たから」「別の店は売り込みがヒドくて」など事情を話します。それぞれの答えを、さらに深掘りしていきましょう。ホームページのどこが決め手になったのか、どんな売り込みが嫌だったのか、などです。

こうしていく間に、そのお客さまが何を基準に良し悪しを判断するかがわかってきます。それらはすべて、接客・集客の貴重な材料。最大限に活用しましょう。

また、お客さまの中でも、質問に答えているうちに気持ちが整理されていきます。「そうか、こういう理由でこれを選んだんだ」「あの店に行かなくなったの、あれが原因だったんだ」と腑に落ちていくのです。

そこまで進んだら、次のステップに移ります。

②数字を使って聞いてみることで、現状を認識してもらう

外堀を十分に埋めたら、お客さまの悩みを聞くタイミング。しかし、「悩みは何ですか？」なんて単純な質問だと、効果は今ひとつで終わります。

ヒアリングした情報を交えつつ、数字を使って具体的な質問を投げかけましょう。例えば肩こりが辛くて訪問された方には、「痛みのMAXが10だとしたら、今はどのくらいですか？」と聞いてみます。すると、「10のときと比べると、8かな？」と、お客さまご自身の診断が返ってきます。

数字にすると「あ、自分は8って思うくらいに苦しんでいたのか」と現状の自分を再認識して、治したいという気持ちが湧いてくるもの。

そんなとき施術者から、「今日の施術でゼロとはいきませんが、3とか2のレベルにはなると思いますので、期待してくださいね」と言われれば、期待値は上がりますよね。ここまでくれば、最後の仕上げです。

③地獄&天国トークで真のニーズをイメージしてもらう

いくら期待値を高めても、最初の1回で満足したらそれっきりのお客さまになってしまう危険性はつきもの。

だからこそ大切になってくるのが、〝地獄&天国トーク〟です。

まず、お客さまにとっての地獄を彷彿とさせる質問を投げかけます。先ほどの肩こりの例なら、「痛みのせいで、日常生活のどんな場面で支障をきたしていますか？」

「肩こりがあると、仕事のパフォーマンスはどんな感じですか？」といった具合です。

こうした質問は、お客さまに現状の問題をはっきりとイメージさせ、「思った以上に悪かったんだな……」「このままじゃマズいかも」と危機感を引き起こします。

そこですかさず共感しましょう。「それはすごくお辛いですね、伝わってきます」と寄り添った上で、「もしその悩みが解消されて、日常や仕事が軽やかになったら、どんなお気持ちですか？」と、今度は天国を想像させる質問を出すのです。

地獄から天国へのこのギャップが、お客さまの心の奥にある真のニーズを引き出してくれます。お客さま自身も願いを自然と言語化できるので、「この悩み、絶対に解決したい！」と高いモチベーションにつながるのです。

このとき、「私もお客さまが望む未来に行けるよう、お手伝いしたいです」と自分の気持ちを伝えます。そのお手伝いこそが、あなたの提供する商品・サービス。お客さまは真のニーズを満たすために、買いたくて仕方がなくなっているはずです。

POINT

価値基準を知る。現状を認識する。そして真のニーズを明らかにする

3

お客さまは、なぜネットで買わずに、あなたの店へ来るのか？

「接客でそこまで質問しなきゃダメなの？」

「商品の良さがわかれば、お客さまは買ってくれるんじゃないの？」

ここまで読んで、そう思われる方もいるかもしれません。

確かに、昔は商品があれば、その内容をお客さまに伝えるだけで売れる時代でした。

二十数年前、私がデパートで働いていたときは、「これが欲しい！」と明確な意思を持ってご来店される方が多くいらっしゃいました。また、得られる情報も少なかったため、何か欲しいものを見つけるために訪れるという人もいました。

しかし、現代のお客さまは前提が異なります。

今やネットで何でも手に入る時代です。だから、欲しいものがはっきりしていれば、ネットで買った方が早くて便利です。

よくお店で「何かお探しですか？」と言われますが、これは多くのお客さまからすれば、返答に困る言葉です。だって、明確に探しているものがあったらネットで買ってしまうからです。それをわざわざ店舗に出かけているということは、他の何かを求めているのですね。

私の感覚で言うと**「何かないかな？」とSNSを見るように、お店を眺めているイメージ**だと思うのです。

この差を強く感じた例が、インターネット上のサプリメント販売です。

これも20年ほど前ですが、私はネットショップを立ち上げサプリメントを販売していました。他に競合がなく、ホームページを立ち上げればそれだけで売れる状態だったのです。お客さまから見ても、比べるものがなければ買うのは楽です。

しかし今や誰でもネットショップを持てる時代。商品も情報もネットにあふれていて、お客さま自身がよっぽど力を入れて調べなければ、欲しい情報に辿り着けません。だから、**自分で選ぶのがすごく難しくなりました。**

その結果注目されたのが、インスタグラムなどのインフルエンサーです。カリスマ性のある人が選んだ化粧品だったら売れる——そう言われるようになりました。

このように、現代では「誰かが言ったものだから良いんだろう」という発想があります。「この商品を買いたい」という気持ちの捉え方が、昔と大きく異なるのです。

つまり今の時代、商品のよさを説明するだけではお客さまの「買いたい!」という感情を動かせません。

だからこそ、**その商品が必要だと感じてもらうための接客スキルが重要ですし、それこそが本書でご紹介する引き出し接客**なのです。

では、なぜ引き出し接客が有効なのでしょうか?

それを理解するには、お客さまがあなたのお店へやってきた理由が大事です。

例えば、今流行りの炭酸パック。ネットでは様々な意見があり、中には批判的なものも。本当に結果が出るのか、敏感肌でも大丈夫なのか、と疑う方もいます。

そんなときには、お店に行ってリアルな人の意見が聞きたくなるもの。ネットで見るのとは違い、反応が直接伝わるので、嘘かどうかもわかりやすくなります。

ネットの口コミも重要視されますが、これもどこまでが本当かわかりません。それを確かめたくて、あえて来店するお客さまもいます。

かく言う私もその1人。テレビでオススメされていた焼肉屋さんに行ったら全然美味しくなくて、やっぱりリアルで行く重要さを改めて実感しました。

情報があふれて、踊らされているように感じる……だからこそ、リアルな人間の言葉に触れたくなる。その想いがあるから、お客さまはあなたのお店へやってくるのです。

単に買うだけでいいなら、簡単で便利、おまけに安いネットで済ませて終わり。それを、**あえてあなたの元へやってこられたお客さまは、ネットでの買い物では得られない何かを求めています。**

その〝何か〟を明らかにして、お客さまの「買いたい！」につなげてくれるのが、質問による引き出し接客のパワーなのです。

POINT

お客さまがネットの買い物で得られない何か。それを提供できれば売れる

共感だけではもう売れない？テクニックだと思われないトークとは

あなたの元へ足を運んでくれたお客さまを接客する上で必要なことは何でしょうか。

お客さまへの共感が大事というのはよく耳にしますが、一方で、もうそれだけでは売れない時代になっているとも感じます。

その理由は、それが売るためのテクニックだという認知が広がったから。

「営業のためにわざわざ私の話に合わせているだけでしょ？」

私も接客していてお客さまがそう捉えているのを感じますし、客として接客を受けても同じことを考えます。

セールストークとして習ったから共感しなきゃ、というのが透けて見えると、何も届かなくなるのです。

そうした中で売っていくには、共感だけでは足りません。**特に高額な商品ほど、お客さま自身のパーソナルな背景を深掘りし、理解する必要があります。**

例えば、美容院に来たお客さまの髪に、枝毛を見つけたとしましょう。

このとき、お客さまが「枝毛で悩んでいるんです」と言ったのに対し、「枝毛で悩んでるんですね～」とオウム返しする――これをバックトラッキングと言います。共感を示すためのトークとしてよく紹介される手法です――とします。

バックトラッキング自体は優れたテクニックです。ただ、それだけではお客さまに「どうせ共感するためのトークでしょ？」と思われて終わってしまいがちです。

そうならないためには、もう一歩踏み込んでみましょう。

「枝毛になっちゃうほど、お忙しいんですね」と言葉をかけると、お客さまの反応がグンとよくなります。自分そのものを理解している、と感じてくれるんですね。

お客さまには、自分自身に興味を持って理解してほしい、という願いがあります。

この願いも、昔より強くなっているように感じられます。

心を開ける場が、本当に少なくなっているのがその一因です。

こうしたら噂が広まっちゃうんじゃないか……。

ＳＮＳで誰かに何かを言われちゃうんじゃないか……。

そうした恐れがあり、友達関係も上っ面になりがち。家族だって、自分の大変さを理解してくれない。そうしたモヤモヤを、多くの人が抱えています。


そうした中、お店やサロンに行くと、家族でも友達でもない人が出迎えます。

そんな人が、接客する中で自分を理解してくれたらどうでしょう？

きっとお客さまにとって、ホッと落ち着く居場所になるんじゃないでしょうか。


もちろん、多くのお客さまには悩みがあり、それをどうにかしたいと思われて来店します。しかし、**その悩みの改善だけが目的のすべてではない**のです。

それを理解した上で接客すると、お客さまがファンとなり、リピーターとしてまた来店してくれるようになります。

POINT

お客さまへの共感だけでは不十分。その先の理解があってファンになる！

イヤらしく思われず、心に響く接客をするためのマインド

売れる接客には「自分を理解してくれている」とお客さまに感じてもらうのが大切ですが、お店に行くと逆の接客を受けることも、しばしば。

服を買いに行ったら、「それ、入荷したばかりで今が買いです。雑誌にも載ってましたよ」と店員さんから突然言われた経験、ありませんか？

こうした声のかけ方は、流行モノが好きな人には効果があるかもしれませんが、「雑誌うんぬんより、私に似合うかどうかが重要じゃない？」と反発を覚える方もいるでしょう。セールスっぽい視点を感じ、イヤらしく思われてしまうのです。

では、どうすればこういう接客を防げるのでしょうか？

一番効果があるのは、お客さま自身へ興味を持つこと。例えば、好きな人ができたときって、その人が朝起きてから夜寝るまで何をしているのか、とっても気になりますよね。接客も、それと一緒なんです。

お客さまは、そもそもどうして、この場所に足を運んだんだろう?

なんでわざわざ、時間を割いてまで来てくれたんだろう?

何に興味を持って、生きている方なんだろう?

そういうところにまずフォーカスするのがすごく重要だと、セミナーなどでよくお伝えしています。初めて会った人にそこまで興味を持てるものだろうか、と思われるかもしれません。だけど、ちょっと想像してみてください。

ご来店されたお客さまは、時間や交通費などをかけて、そこを訪れたわけです。サロンなら、事前に探してメニューを予約したりしている。**お客さまが何らかのアクションを起こしたからこそ、あなたと初めて出会えた**のです。

そこがわかると、接客のマインドが変わってきます。「わざわざありがとうございます」という声かけ1つとっても、マニュアルのセリフで終わるか、気持ちのこもったものになるか、その差は歴然です。そして、お客さまはそれを感じ取ります。

もし想像するのが難しければ、自分がお客さまとして自分の店に来店するまでをイメージしてみましょう。すると、一億何千人の中で一対一で出会えるって、実はとてもすごいことなんだなぁ……と、意外にあっさり腑に落ちます。

このマインドがセットされると、お客さまへの声かけも自然と変わっていきます。

先ほどの例なら、「お手に取ってくれてありがとうございます。このお洋服、どこが気になりましたか？」と、お客さまに視点を向けます。

「パッと見、いいなぁと思って」と返ってきたら、「そうなんですね、ちなみにどういうところがいいって思いました？」と質問で深掘り。そして、「ここのリボンが」と引き出せたなら、すかさずここで「そのリボン実は今ちょうど流行っていて、去年とはちょっとスタイルが違うんですよ」と、情報を出しましょう。

まずお客さま自身にフォーカスすることで、流行りの服を勧めているというイヤらしい感じは出ず、「流行りのポイントに目を向けてくれたあなたが素晴らしい、見る目ある！」というメッセージになるのです。

接客中、こうしたメッセージをたくさん伝えることで「私のことを理解してくれる」とお客さまが感じ、ラポール（関係性）が形成されていきます。

興味を持って質問して、「いや、たまたまなのよ〜」と返ってくることもあるかもしれません。そんなときは、「たまたまでも嬉しいです」と自分の気持ちを伝えてみましょう。それだけで喜んでくれて、心を開いてくれるお客さまも多くいます。

もちろん、どこがいいのか言葉にできないお客さまもいますし、そういう場合は「ゆっくりご覧くださいね」とお伝えすれば大丈夫です。

また、**上っ面ではなく、専門家としての観点から褒めることも心がけましょう。**

お店以外では、私の受講生さんでパン教室の先生の例がおもしろいです。生徒さんに、「子育て中にパン作りを学ぼうなんて、すごいですね！」と伝えているそう。

まず教室に来ていること、学ぼうとしていること自体が素晴らしい——そこまでお伝えする教室って、あまりないんじゃないでしょうか。

だからこそ、お客さまへの興味を質問にして、自分の気持ちを言葉にして、あえて口にしてみましょう。これが、引き出し接客のベースになるマインドです。

POINT

マニュアルのセリフではなく、お客さま自身に興味のフォーカスを当てる

"賢い"お客さまにも、あわてず対応するために必要なことは？

昔と現代の違いで他にも大きく感じるのは、お客さまの二極化が進んでいること。

美容室系コンサルをしている人が、興味深い話をしていました。

千円カットのような店舗が増えている一方で、客単価3万もする予約が満席になり、その間の価格の美容室の廃業がとても多くなっているそうです。

年収の差が原因ではなく、「ちょっと切りたいくらいなら千円カットでいいや」というお金持ちがいたり、「全体の髪質改善にはさすがに3万は払わないとね」というような普通の学生がいたりもするのです。


つまり、**得られるベネフィットに応じてお金を払う方が増えている**のですね。

これは、値段やブランドではなく、価値を見て来店するお客さまが増えたことを意味します。

事前にネットや口コミを調べている、取捨選択が巧みな〝賢い〟お客さまです。そんなお客さまにこそ、接客が大きな意味を持ってきます。接客が疎かになるとリピートに結びつかないどころか、「こんなにお金払ったのにこれだけ⁉」と口コミで悪評を書かれてしまいかねません。

では、賢いお客さまへの接客はどうすればよいのでしょうか。

まず、お客さまがある程度情報を調べた上で来店している、と念頭に置いて接客する必要があります。そして、そういう点も質問で聞いてみましょう。

「何かお調べ頂いた上でうちにお越しですか?」と最初に尋ねると、お客さまのレベルがわかり、その後の提案がしやすくなるので、大事なポイントです。

ときには、自分よりお客さまのほうが詳しいケースもあるでしょう。そういう場合は、まず論理では勝てません。

なので、逆にその論理に乗ってしまいましょう。「すごいですね!」と褒めてしまうのです。その上で、「お客さまのような知識豊富な方が、どうしてうちに?」と、思い切った質問をしてみましょう。すると、意外に「実はこういう事情で……」と本音を話してくれたりします。

お客さまも接客側も、いい人でありたいという気持ちが根底にあるように思います。だから、調べてから来店する賢いお客さまも、負かしてやろう、という考えはありません。

でも、来店したばかりのお客さまは、やはり身構えていることが多いもの。だからこそ、**その構えを接客で取り外し、質問でお客さまのホットポイントを探っていくのが重要**になります。

どれだけネットで調べてもステマの可能性もありますし、本当の情報かどうか疑問に思っている方も増えています。わざわざ足を運んだお客さまは、調べた中で出てきた疑問を何かしら抱えているのです。

賢いお客さまが多くなった昨今、こうしたお客さまの思いを知った上で接客することが必要になります。

POINT

賢いお客さまが、調べた上で疑問に思うことを質問すると、本音につながる

7

「安いから買いです」はNG！価格でなく、価値で勝負する

商品の価格ではなく価値を見るお客さまが増えている、という現状の一方で、接客する側はまだ逆の前提を持っていると感じることがあります。

例えば、家電量販店に行ってテレビを見ていたら、「今日値段が下がったんですよ！」みたいな売り込みをされた経験って、ありませんか？

買う立場からすれば、「自分のライフスタイルに合うかな？」「欲しいスペックのものはあるかな？」など、色々総合した上で得たい未来があって、そこにピッタリくるテレビが欲しいわけで、そこから価格交渉があります。

それを、「安いから今買いませんか？」と最初に言われると、もうちょっと質問してからにしてほしい、という気持ちになりますよね。

こうしたお客さまの心理と、「今だったらお安いですよ！」とすぐ提案してしまう

営業マンの差は、どこから来るのでしょうか。

色々ある要因の中でも、**「高いものを売るのは悪い」という罪悪感がひときわ大きいように思えます。**

私の受講生さんにも、そういう方は大変多いです。

だから、あえてこう伝えています。

「高いと思っちゃダメ、あなたの商品すごい価値があるんだから！」

テレビの例でも挙げたように、**お客さまには欲しい未来があり、それを手に入れるために商品を買います。だから、あなたの商品がそうであると伝えることこそが重要で、価格の話は後からでいい**のです。

そもそも、「今だったらこんなに安いんです」と最初に言うのは、お客さまのお財布事情を考えているようですが、実はかえって失礼じゃないでしょうか。

お客さまはその価格のその商品に、普通にお金を払えるかもしれません。なのに、確かめもしないまま安さを押し出すのは、お客さまの懐具合をこちらが勝手に決めることになってしまいます。

「いや、お客さまから高いって言われたんです」という方もいるかもしれません。だけどそれも元をたどると、**自分が高いと思ってトークしているために、お客さまにも高いと思われてしまった場合がほとんど**だったりします。

では、どうすれば自分の商品を高いと思わないようになれるのでしょうか。

例えば30万円の商品があるとします。それを、一度分解してみましょう。商品からこういう効果を得られて、金額にするとこのくらいの価値になる。LINEサポートを含んでいるとしたら、いくら相当になる。

商品の中に含まれているすべての要素に対して、価値を換算していきましょう。

それをトータルすると、30万円がだんだん安く感じてきませんか?

CMで有名なライザップも、同じ見せ方です。高額に思える2か月間コースでも、様々なサポートが含まれているから、トータルで見ると安く思えるのです。

「私、めちゃくちゃ提供してる」と思えると、だんだん考えも変わってきます。自分の商品には価格以上の価値がある、という認識になるのです。

その認識に立って初めて、お客さまにもそう思ってもらえるセールストークができるようになります。

私の講座では、そのセールストークができるようになるよう、グループでロールプレイングを行います。皆さん10回もする頃には、格段に上手くなられます。

もちろん、1人でセールストークの練習をすることも可能です。私もサロンをしていたとき、よく1人で練習していました。

一番いいのは、その練習を録音しておくこと。客観的に自分の声を聞けるので、最強に効果があります。

この練習用の台本は、本書の特典でお付けしてあります。ぜひお使いください。

POINT

値段の高い安いを決めるのはお客さま、だからしっかりと商品の価値を伝える

0

売り込みを売り込みに感じさせない、仮クロージングの威力

多くのサロンでは、回数券や継続用のプランなどを用意しています。でも、施術が終わってお客さまに案内すると、真剣に聞いてもらえないケースもしばしば。

これは、お客さまが「売り込みされた」と感じてしまったから。**今のお客さまはこの「売り込み」に対するアレルギーがとにかく強い**のです。

こうなると、どんなに一生懸命アフターセールスをしても、聞く耳をもってもらえません。では、どうすればこれを回避できるでしょうか？

まず、お客さまに十分なヒアリングができていない段階で悩みを聞いていないか、確認してみてください。来店直後に「どうされましたか？」といきなり悩みを聞いてしまうと、お客さまもあまり深く話してくれません。

そのまますぐ施術に移ると、「とりあえず今の悩みが解決できればいいや」となっ

て、リピートという発想が消えてしまいます。この状況でアフターセールスをすると、お客さまからは「その気がないのに売り込みされた」と感じられるのです。

そこで、**まず事前のヒアリングでしっかり悩みを深掘りします。**最初に、いったん今の悩みが解消されたら、という天国を想像してもらうのです。

お客さまが天国をイメージできたところで、こうお伝えしましょう。

「専門家から見てその悩みはおそらく、真の原因は○○ですよ。これを取り除かない限り、また繰り返しになってしまいますね」

「なので、もしお客さまが今日の施術ですごく変われそうだと思ったら、通いやすいプランをご相談してもよろしいですか？」

「もし今日効果が感じられなければ無理なご案内はしないので、ご安心ください」

これを仮クロージングと呼んでいます。

施術前に一度継続プランがあることを伝えつつ、それを受けるかどうかの選択肢はお客さまにあるという流れを作る、というメソッドです。

仮クロージングをするとお客さまのマインドが変わります。**施術前から、「ここに通おうかな、どうしようかな」と考えてくれるようになる**のです。

とりあえず今の悩みが解消すればいい、というところから、より期待値を持って前向きに施術を受けてもらえるようになります。すると、どのくらい効果があるのか、どこに特に変化を感じられるか、と意識するようになるのです。

仮クロージングなしだと、お客さまの中では「確かにスッキリはするけども、それ以上はない」という感想止まり。その状態で商品をご提案しても、冒頭で挙げたように、「売り込みされた」という悪印象と、リピートなしという結果で終わってしまいがちになるのです。

このように、**仮クロージングは「売り込みされた」という印象を起こさず、お客さまがより期待を持ってサービスに臨んでくれる、強力なメソッド**です。

POINT

「事前のご提案」&「選択権はお客さまにある」で、売り込みに思わせない

9 売り込みではなく「背中を押した」と思ってもらえるトークとは

営業マンから「これがいいですよ」と言われると、売り込まれていると感じてしまいますよね。今はそんなお客さまがほとんどです。

一方で、同じお客さまが「あなたにはこれが似合っています」と背中を押してもらいたいと思っていたりもするわけです。

また、微妙な感情ですが、販売員から「もう買わないで良いですよ」と売り込みを止められると、お客さまが逆に「あれっ、売り込んでくれないの？」と思ったりもします。

つまり、**売り込みは嫌なのですが、背中は押してもらいたい**のです。

それでは「売り込み」と「背中を押す」の違いは一体何なのでしょうか？

前者は営業マンが自分の観点から見て売りたいと思っているのに対して、後者はお客さま自身に焦点を当てているのが大きな違いです。

お客さまには、自分のことをナンバーワンで見てほしいという心理があります。例えば、ブティックに行ったとき、「このお洋服は、お客さまに似合っていると私は感じます」と言ってくれる店員さんには、つい「そうなの？」と思ってしまいますよね。

もちろん、それがお世辞かどうかの見極めもしますが、「ちゃんと私を見てくれているんだ」と感じられることでしょう。

昔は、売り込まれるのが当たり前、という暗黙の了解がお客さまの中にもあったように思います。だから、接客中に売り込みにあたるような多少強い言葉があっても「はいはい、また来たね」くらいの感じでした。

ですが、今はネットの時代。お客さまが情報を持っていますし、口コミを気にして接客側も売り込みを控えるようになりました。その反動か、売り込みへの嫌悪感が一層強まっているように思います。

それでも、昔と変わらずお客さまは背中を押してほしいと思っています。「これがお似合いですよ」と、自分を見てくれた上での言葉を待っているのです。
そこで、その言葉を伝えるときは、**自分自身を主語にするアイメッセージ（「私は○○だと思います」など）を用いてみましょう。**

「私自身はお客さまがそれを着た姿がすごく素敵だと思います」
「あなただったら、この商品すごく使いこなせるんじゃないかって気がします」
「こういうのもお似合いですが、私はこっちも似合うと思います」

自分を一番に考えてほしいというお客さまの気持ちを理解した上で、背中を押す言葉をかける——そこに気をつけていれば、自然と売り込みでない接客になります。

POINT

背中を押してほしいというお客さまの気持ちをくみ取り、アイメッセージで伝える

10

「いい人」願望を手放すと、ラクラク売れるようになる

私が教えているサロン経営講座の受講生さんの多くに、「お客さまとの会話は好きだけど、次の予約は取れない」という傾向があります。

人と接するのは好きだし、共感力もそれなりにある。だけどやっぱり、セールスは苦手。本書を手に取られた方も、お心当たりがあるのではないでしょうか。

その原因は、「いい人でありたい」という気持ち。

優しいセラピストさんや販売員の方は、お客さまのためを思って接客していると思います。言葉遣いや雰囲気も、すごく気を遣っているのもわかります。

それは素晴らしいことに思えます。しかし、実はそれは自分目線のやりとりなのです。決してお客さまのためではありません。**「いい人でありたい」と思うのは自分の感情で、意識の矢印が自分を向いている状態**なのです。

本当にお客さまのことを思うなら、まずお客さま自身に興味を持ち、質問を投げかけていくことが大事になってきます。

「他店でどういうサービスを受けましたか？」

「そこでどういう不安・不満がありましたか？」

「何が決め手になって、うちに来てくれたんですか？」

お客さまについて深掘りヒアリングをしていく。それが、セールストークの質問になります。

実に多くの方が、この質問ができません。理由を尋ねると、「尋問みたいになっちゃうから」「お客さまに失礼だと思うから」という答えが返ってきます。

ですが、発想を転換してみてください。そもそも、**お客さまのことを知らなければ、まず提案すること自体が失礼**じゃないでしょうか？

だから、まずは質問を通してお客さまを知ることから始めましょう。その上で、お客さまの悩みがあなたの商品やサービスで解決できるなら提案すればいいのです。

お客さまを知らないまま提案するから売り込みになってしまうのであって、知ってから提案すればそうはなりません。

それでもお客さまへの質問に抵抗を感じる方は、自分自身が接客で嫌な経験をしたことがあるのではないでしょうか？

サロンやデパートでガンガン説教などをされるイメージがあり、それが、自分が質問するときにも投影されているのかもしれません。

こうした**苦手意識を無くすのに一番手っ取り早いのは、接客役とお客さま役に分かれてロールプレイング（ロープレ）すること**です。このロープレで大事なのは、接客側だと思われるかもしれません。しかし私の意図としては、お客さま側の感情を体験することが大事だと考えています。

私の講座でロープレすると、まず接客役は「こんなに質問しなきゃいけないんだ」と驚きます。一方で、お客さま役は「質問されて嬉しい！」という感情が湧いてきます。尋問されている、なんてことはまったく感じないのです。

このような質問に答えているときは、ほとんどの時間をお客さま側が話しています。しかもその言葉を熱心に聞いてくれるわけです。
販売側が一方的に話していると売り込みになりますが、お客さまがたくさん話していれば、それは売り込みではないのです。

自分のことをこんなに見てくれる人は、家族にもいない――こんなに興味を持ってくれるんだ、とお客さま役をやって発見するわけです。

この段階を経ると、皆さん確実にセールスできるようになっていきます。

いい人であれば、勝手にお客さまが来てくれるんじゃないか……商品さえよければ、リピートしてくれるんじゃないか……そんな淡い期待が消えて、「質問って大事なんだ」と腑に落ちるのです。

POINT

「いい人でありたい」は自分目線、お客さま心理を体感すればどんどん質問できる

11

グイグイ売る人に学ぶ、地獄トーク&天国トークの重要性

今の時代は質問を中心とした引き出し接客が大事だ、とここまで語ってきました。しかし、グイグイ売り込んでくる販売員も多いもの。しかも、そのスタイルで今でも成果を出している人もいますから、なぜなのか不思議に思うかもしれません。

そんな売り込みをグイグイできる人は、優しい人が見せるようなとまどいがありません。

これは「売らないとお客さまが不幸になる、だから売ることが私の使命だ」というマインドセットがあるからで、裏を返せばお客さま思いとも言えます。

そういう人ほど自分の商品・サービスに愛があります。お客さまも「この人、本当に好きだから言ってるんだな」なんて圧倒されて、ついつい買ってしまったりするものです。

また、商品・サービスに愛がある人の売り込みは、「これを買わないとあなたにはこんなよくないことがある」といった地獄トークもありますが、そのあとでちゃんと引き上げています。「これを持ったらこんな未来を得られるけど、そういうのはどう？」こんなふうに、天国トークに持っていけるのです。

このように**売り込みのできる人たちは、お客さまにしっかりと地獄と天国をイメージさせている**のがわかります。

しかし、本書を手に取った多くの方にとっては、苦手な分野ではないでしょうか。私のサロン経営講座でも、特に地獄トークが壁になる方が多いです。優しい人ほどできない。しかし、皆さんそこを乗り越えていかれます。

乗り越え方は、２つ。

１つは、**まずロジックを理解すること**。

地獄トークと天国トークがないと、お客さまの感情が動かない……高額商品ほど、両者の振り幅を大きくしないと売れないのです。

そしてもう1つは、**やはりロープレ**です。

お客さま役になって地獄トークをされたときの気持ちをフィードバックしてもらいます。すると、「良い気持ちはしないけども、その地獄を考えているときに、私はやっぱり自分の身体とか肌をよりよくしたいって思った」という感想が返ってきて、**地獄トークの大切さに気づく**のです。

実は自分が考えているほど、相手は嫌だと感じていない……そう実感することが、非常に重要です。受講生さんたちもロープレをしてみると、自分が想像していたより嫌な気持ちがしない、と気づいていきます。

これが、一番の解決策だと感じます。

前項でも触れた通り、接客するときセールスに消極的になる人は、今まで接客で嫌な思いをした方が多いです。

特に大手のエステサロンでは売り上げ重視ですし、売り込みをするように上から言われるため、するしかありません。そうした接客にあって嫌な思いをして、自分はそうしたくないからとサロンを始めた方は本当に多くいらっしゃいます。

そのような優しい人だからこそ、売り込みが苦手な気持ちはわかります。

私も、ガンガン売り込みができる人は尊敬していますが、自分自身はお客さまに寄り添いたい気持ちがあり、そうして生まれたのが引き出し接客です。

お客さまに興味を持って質問で深掘りし、そのお悩みがこの商品・サービスを買うことで解決できるのだと、地獄＆天国トークでしっかりイメージしてもらう——。

引き出し接客をマスターすれば、売り込みにはならず、お客さまに寄り添いながら必要な提案ができるようになります。

POINT

怖がらず、地獄＆天国トークでお客さまに未来をイメージしてもらうのが大事

12

引き出し接客で、家族も友人関係もうまくいく！

これまで、お客さまに対して引き出し接客がどれだけ有効か、お伝えしてきました。

ご理解頂けた方も多いと思いますが、引き出し接客のスキルの本質は、「相手に興味を持つ」ということです。

だからこのメソッドの効果は、接客だけにとどまりません。**コミュニケーション全般で役に立つ**のですね。

私がそれに気づいたのは、自分の子育てでのことでした。

例えば、よくありがちですが、勉強しない子どもに「なんで勉強しないの！」と言ってしまいたくなるシーン。

勉強しないでゲームをしている姿を目にすると残念に思いますが、そこであえていったん立ち止まります。

そして、子どもがその行動をしている理由に、フォーカスを当てるのです。

なんでこの子、今、ゲームを一生懸命やっちゃうんだろう？

もしかして、ストレスを抱えているのかな？

それとも、他にやることがないのかもしれない？

こんな風に考えていると自然と子どもの行動に興味を持つようになります。

ゲームをしているけど、ゲームってそんなに楽しいのだろうか？

子どもにとって、ゲームすることにはどんなメリットがあるのだろうか？

こうして行動の意味を探ろうとしていくと、子どもへの声かけも変わってきます。

「ダメ」という結論ありきではなく、その行動をしている原因に興味を持つので、子どもの話も真剣に、フラットに聞けるようになります。

だから、子どももそれに応えて真剣に話してくれるようになるのです。話をしっかり聞いてくれると嬉しいのは、大人も子どもも同じです。逆に、叱る材料を探しているような質問だと、子どももげんなりしますよね。

次に、子どもの言葉をしっかりと受けとめた上で、自分を主語としたアイメッセージで自分の想いを伝えます。

「ママはまず宿題が終わってからゲームをしたほうがより楽しめると思うけど、どう思う?」という感じです。

すると子どもも「あ、そうかもしれない」と案外すんなり受け入れてくれます。

もちろん、全部うまくいくとは限りません。それでも、**引き出し接客の本質である「その人に興味を持つ」ということは、人間関係のいろんな場面で活きてきます。**

頭ごなしの否定から入るのではなく、その行動をしている裏側を知るために質問をする。その行動をしてしまうイメージを理解する。すると、家族や友達などとも、自然と上手くいくのです。

POINT

なぜその行動をするのか?　相手に興味を持てば人間関係はすべてうまくいく

第2章

引き出し接客は、お客さまの未来が叶う究極のカウンセリング！

1

お客さまが喜んでセールスも9割決まる、質問の重要性

引き出し接客で重要なのは、お客さまに興味を持ってとにかく質問すること。

とはいえ、尋問しているようでどうしても抵抗感がある、という方もいます。

特にあるあるなのが〝察しちゃう〟文化。お客さまのちょっとしたしぐさや目線の動きで先回りしてしまい、逆に何も聞けない、というケースも多いでしょう。

そんな悩みを解決する、魔法の言葉があります。

「私はお客さまのことをもっと知りたいので、質問してもいいですか」

こう尋ねると、お客さまも納得されて、スムーズに質問できるようになります。

今の時代、自分に興味を持ってもらえる機会はすごく少なくなっています。だか

ら、質問自体とても嬉しいものなのです。

お客さまの時間を奪ってしまうんじゃないか、と不安な方もいるかもしれません。しかし、たくさん質問しても、実際にかかるのは10〜15分くらいのもの。「施術をよりよいものにするために、10分ほどお時間頂けますか」とあらかじめ断っておけば、お客さまもあまり気にされませんよ。

また、**質問は目の前のお客さまのためだけでなく、未来のお客さまのためでもあります。**来店されたお客さまがわざわざ足を運んでくれた理由を聞くのは、集客のための究極のリサーチだからです。

例えば、サロンに来店されたお客さまに理由を尋ねて、「安かったから来たんです」と返ってきたとします。多くの方は、ここで何も言えなくなってしまいがち。そこをあえて「他のサロンも結構同じ価格帯で出していますけど、それでもなぜ当店を選んで頂けたのですか？」と、もう一歩踏みこんでみましょう。

お客さまの本音に近づけますし、他店にはないあなたのお店の強みを教えてもらえるかもしれません。

このように、貴重な情報をきちんと掘り出せるのか、それともわからずに終わらせてしまうか、すべては質問次第。

セールスは、直前のヒアリングで9割決まると言われています。そのくらい、質問は重要なのです。

ただ、1つ大切なことがあります。

それは、**質問する間、こちらの商品・サービスにはまったく触れないこと。**

質問するときはあくまで、お客さまが今辛いこと・悩んでいることを純粋に聞くほうがうまくいきます。

もちろん、こちらの商品・サービスの方向に仕向けることがダメとは言い切れません。しかし、それを意識するとヒアリングは偏ったものになりがちです。

そして、それはお客さまにも確実に伝わり、不信感になりかねません。

だからこそ、まずは質問でお客さまと悩みを共有しましょう。

それが十分に終わったあと、「私にお手伝いできることがあれば嬉しいです」と言って、ようやく商品やサービスの説明に入ります。

このときのスタンスは、自分が持っているのは解決策の1つ、くらいで大丈夫。お客さまの悩みを自分では解決できそうにないときは、他のお店の商品を勧めたり、正直に「私ではお役に立てません」と断るのもお客さまのためになります。できること・できないことをはっきり言うことで、逆に信頼を得られることもあるのです。

引き出し接客では、まずお客さまと打ち解け、質問によってしっかりとヒアリングします。そして、お客さまの合意を取った上で、商品のご提案をします。

これから、質問するためのテクニックやマインドをお伝えします。ぜひ、学んで実践してみてください。

POINT

質問は相手に興味がある証拠。今と未来、両方のお客さまのためにする

2

お客さまの緊張をほぐして、セールスにつなぐ声かけ

アパレルなどの物販系だと、ふらっと立ち寄られただけのお客さまが基本になりますよね。

接客しようと声をかけてみたものの、お客さまは緊張してこわばっていて、警戒されているように見える場合もあります。

それを察して、無理にお声がけするのはやめておこう、とついつい控えてしまう方も多いのではないでしょうか。

こんなときは単純に、「朝から雨でしたがまだ降ってましたか?」「店内寒いですかね?」と質問してみるのが意外と効果的。**店員に声をかけてほしい、説明してもらいたいことがある、というお客さまが、結構いらっしゃる**んです。

もちろん、本当に話しかけてほしくないお客さまもいます。

そういう空気を感じた場合は、「何か必要なことがあればお声がけくださいね」と言って離れればＯＫ。いつでもこちらに話しかけてきて大丈夫ですよ、という空気を作ってあげることが大事です。

また、「なんでうちのお店を見つけてくれたんですか？」というのも、出しやすい質問なのでアイスブレイクにピッタリ。

「どうやって知ったんですか」「どこで見つけましたか」と聞いてみると、たいていお客さまも「雑誌で見て」「もともとあるのを知っていて」と返してくれます。

そこでさらに、質問を重ねていきましょう。「ありがとうございます。今回は初めてですか？」「今日のお召しものとうちの店のテイスト、似ていますけど、こういう感じがお好みですか？」といったふうに、少しずつ深掘りするのです。

するとお客さまも、「実は普段はそうでもないんだけど、今回はこんな事情で」とだんだん答えてくれるようになっていきます。

来店の理由を聞くのは、もう1つの隠れた目的が。**お客さま自身も来店の理由を再確認して、「ここに来てよかったかもしれない」とワクワク感を思い出してくれる**のです。これは、サロンのお客さまでも有効なのでぜひ使ってください。

アイスブレイクでは特に、来てくれたことへの嬉しさをアピールするのが大事です。きちんと表情に出して、「めちゃくちゃ嬉しいです！」と喜びを伝えましょう。初めての方にはもちろんのこと、2回目以降の方でも「○回目なんですね、嬉しいです！」と言葉で言うことが重要です。お客さまが来てくれたこと自体の喜びを、どんどん伝えてください。それは、必ず相手に届きます。

こうして嬉しい気持ちをしっかり伝えてからが、深掘りしていくタイミング。「今日は探しているものがお決まりですか？　それとも何かないかなぁとお立ち寄りくださったのですか？」と具体的に質問していきます。

例えばアパレルなら、お客さまも探しているものが決まっている場合が多いですし、リクエストに応じてどんどん提案していきましょう。

もし欲しいものが決まっていないお客さまなら、「普段洋服を選ぶとき、何かお悩みとかありますか」とお客さまのお悩みを掘り下げていきます。

体型を隠したい、流行りすぎないほうがいい、と返ってくるケースが多いので、そこをしっかりと深掘りします。「今お持ちのものには、どういうものがありますか」と聞いてみるのも良いでしょう。

ヒアリングをしっかりした上で「こういうのが入ってきたところなんですが、いかがですか」とご希望にそったアイテムをご提案しましょう。

このように、**物販の場合も悩みの深掘りをしてからセールスするのが大切。**ただし、サロンと比べて端折ってしまっていいところもあります。悩みが解決できない未来をイメージさせる地獄トークはスキップして、得られる未来を語る天国トークだけでも大丈夫です。

また、最初のアイスブレイクも「どこでうちを見つけましたか」「なんでうちなんですか」とある程度定型化しておけば、悩みの深掘りにスムーズに入れます。

お客さまの緊張をほぐして、悩みをしっかり掘り下げた上で、提案する。これだけで、グッと売れるようになりますよ。

POINT

お客さまにお店に来てくれた理由を聞いて、お客さまの緊張をほぐす

小さなYESの積み重ねで、お客さまの心も自然とオープンに

実は、こちらの質問に「はいそうですね～」とYESばかりを言うお客さまほど、買ってくれないことがあります。

ですが、それはお客さまがどんな質問にも何も考えずにYESを出す場合のこと。**心からのYESをもらえるような質問にすることで、最後に大きな決断をしてくれる可能性が高くなります。**

質問の仕方には、大きく2つあります。

1つはクローズドクエスチョン。YESかNO、もしくは限られた選択肢から答えられるもの。

もう1つは、オープンクエスチョン。どうして・どんなふうに・なぜ・どこで……など、答える側が自由に回答するものです。

この2つなら、クローズドクエスチョンのほうが答えやすいですよね。

なので私は、**アイスブレイクにはクローズドクエスチョンから始める**ことをオススメしています。

サロンであれば、「ここまで道に迷いませんでしたか」から始まり、「道はわかりやすかったですか」と、本当にささいなことでOK。お客さまから〝小さなYES〟を取れるようなクローズドクエスチョンを重ねていきましょう。

アイスブレイクができたら、「これから質問してもいいですか」と、ここでもYESを取ってから、「ではヒアリングさせて頂きますね」と続けます。

「ちなみに、このようなサロンって通われたことはありますか」「通っていらしたんですね、ありがとうございます。そこは今も通っていますか」こんなクローズドクエスチョンから始めましょう。

ここでNOが返ってきたら、「なぜ通わなくなってしまったのか、差し支えなければ教えて頂けますか」というふうに、オープンクエスチョンに切り替えるのです。

先ほどの会話の流れなら、別のサロンに通わなくなった理由がわかれば、自分はそれをしなければいいという情報になります。

例えば、すごく売り込みをされたから嫌だった、とお客さまが答えたとします。それに対してもまた、「そうなんですね、どんな売り込みだったんですか」とオープンクエスチョンで尋ねましょう。

そこで、「化粧品を強く勧められて」と返ってきたなら、「そうだったんですね。うちにも化粧品はもちろんあるんですけども、必要な方にしかご案内しないので、安心してくださいね」と伝えれば、お客さまもホッとしますよね。

このように**お客さまの不安を1つ1つ聞いて、「大丈夫、うちではやりませんからね」と打ち消していくことが大事**です。後出しじゃんけんのイメージでOKです。

先ほどもお伝えしましたが、「どうやってうちの店を見つけましたか？」という質問も重要です。

「Ｇｏｏｇｌｅ検索で」と返ってきたら、「ありがとうございます。どんなキーワードですか？」とつっこんで聞いてみましょう。これは、**マーケティングでも非常に貴重な情報**になります。

「たくさん競合がある中で、なぜうちなんですか」というのも尋ねたいところですが、少し漠然としていてお客さまが答えづらいかもしれません。

そんなときは、タブレットなどで他店を並べたりして、「この中で一番どこがよかったですか」と答えやすくなるよう、質問を工夫してみましょう。「よそと比べてどんなところがよかったんですか」「一番の決め手はどこですか」「他にも予約したいと思われた店ってありましたか」……質問を重ねていくと、お客さまの価値観やNGポイントなどがどんどんわかってきます。

十分理解できたと思えたら、そこでやっとお客さまの悩みを尋ねます。すると、お客さまも口慣らしができているので、結構本音を喋ってくれるのです。

来店してすぐ悩みを聞いてしまうと、「いや、ちょっと痛くて」というような、軽い内容しか答えてもらえず、リピートにつながらずに終わりがち。

質問にたくさん答えて話しやすくなっているからこそ、悩みも打ち明けてもらいやすくなります。そしてこの悩みもまた、質問でどんどん深掘りしていきましょう。

POINT

答えやすいクローズドクエスチョンから、本音につながるオープンクエスチョンへ

〝察する〟のは遠回り？お客さまのことは知らない、だから聞く

うんうんと頷きながら話を聞いてくれたお客さまが、いざ価格を提示するとサッと避けた、なんて経験はないでしょうか。

逆に、顔がこわばって興味がなさそうだったお客さまが、すんなり買ってくれた、という話もよく耳にします。

こうした正反対のケースからわかるのは、**私たちはお客さまのことを何も知らない**、ということ。

オープンに見えるお客さまが実はめちゃくちゃ警戒していることもあるし、こわばって警戒しているように見える方が単に緊張しているだけ、ということもあります。

よく、「こういうお客さまには、こう接客しよう！」というタイプ診断みたいなものも見かけます。

ただ私自身は、お客さまのタイプはむしろ考えないほうがいいと思っています。一見してこういうタイプかな、と思ったとしても、それがお客さまの本質とは限りません。それに、知らないからこそ興味を持って質問できることもあるのです。

お客さまに接するときは表面的に判断しないのが、引き出し接客の大きなポイント。 雰囲気やしぐさ、表情の緊張や視線は、お客さまのすべてではありません。いちいち気を取られると、それだけお客さまの本音から遠くなります。

そして、お客さまの本音への一番の近道は、質問を重ねて、丁寧に信頼関係を築いていくことなのです。

しかし、中にはなんでもYESと答えるお客さまもいます。一見オープンなように思えますが、こういう方ほど本音を隠している場合も多いので注意が必要です。

こんなときには、あえて一度流れを断ち切るという選択もあります。

「お客さま、頷きながらすごくお話を聞いてくださってとても嬉しいです。ただ、何か疑問に思ったことはありませんか」「何か、ご不満なことはありませんか」と思い切って尋ねてみましょう。

なかなか勇気が必要な上級テクニックですが、お客さまの本音に近づくための大切なステップです。

本当にそこまでする必要があるのか、と思われる方もいるかもしれません。ですが、自分が客として来店するときのことを想像してみてください。

店員に対して、いきなり心をオープンにはなかなかできないですよね。売り込まれるんじゃないかと警戒して、本音を話せない……これが普通じゃないでしょうか。

あなたのお店にやってくるお客さまも、同じです。見た感じがどうであっても、**お客さまは多かれ少なかれ緊張していて、自分を取り繕っているもの**なのです。

私のサロン経営講座の受講生さんで、占い師の方が興味深い話をしていました。

その方は、お客さまが「実は○○が悩みで……」と言っても、それが本当かどうか疑いながらヒアリングするのだそうです。

お客さまはこちらに対してオープンじゃないんだから、話していることも表面的なことなんじゃないか――そういう前提で、向き合っていると言います。

そして、やはり本題は別にあると感じたところで、「私には何か違うところに悩みがあるように思うのですが、いかがですか」と「私はこう思うよ」というアイメッセージで伝えます。

するとお客さま自身、あっと気づいたふうになり、「実は……」と切り出してくれるのだとか。

お客さまが発している言葉や行動を全部正しいと思うのは、危険なこと。それを教えてくれる例です。

お客さまの表面的なメッセージを受け止めるのは、7割くらい。

残りの3割は、常に「それ、本当かな？」と疑う気持ち。

このバランスを忘れないようにしながら質問をしていくことが、お客さまの本音——解決したい悩みに近づく早道です。

POINT

お客さまの表情や言葉で判断せずに、「それ、本当かな？」を質問する

フレームでお客さまがしっかり質問に答えてくれる

お客さまとある程度打ち解けて、ラポール（関係性）ができたら、いよいよ質問で深掘りヒアリングしていきます。

質問をするときに意識してほしいのが、フレームです。これは質問の前に、その意図をあらかじめ言っておく、というテクニックになります。

次の傍線を引いているようなものがフレームです。

「それではこれからお客さまにとって適切なご提案をしたいので、最初に少し質問させて頂いてもいいですか？」

「これからもしかしたらきつい質問をするかもしれないんですけれど、大丈夫ですか。もしそういうことがあれば、無理に答えなくてもいいですよ」

マーケティングには、**「最初に言ったら説明、あとに言ったら言い訳」**という有名な言葉があります。フレームはまさしくこの考えに合うテクニックなのです。

例えば、ダイエットサロンでのヒアリングで「お客さまの体重や食生活に関して伺わないと適切なアドバイスができないので、最初に色々お聞きしても大丈夫ですか」と聞いたとします。

すると、お客さまも覚悟ができて、体重や食生活などに多少言いづらさを感じても「それは聞かれて当然だよね」と答えてくれます。必要なものだとわかっているので、少し心をオープンにしてくれるのです。

逆に、フレームなしでいきなり聞かれると、お客さまは嫌な質問ばかりされるような気持ちになって、悪い印象が重なっていくばかり。

この〝嫌な質問〟と感じる度合いも、お客さまによって異なります。だからこそ、**あらかじめフレームで言っておくことが大切**なのです。

お客さまに意図を伝える以外のときも、フレームは役に立ちます。

サロンなどでは、今のお客さまの次にまた予約が入っていることも多いでしょう。

そんな場合は、「今から15分ヒアリングしますね。施術は○○分から始めます。×

×時には次のお客さまも来てしまいますので、しっかり時間内に終われるようにがんばりますね」とフレームを入れると、お客さまとスケジュール感の共有ができます。

時には、ヒアリングしていても話が脱線してしまうお客さまもいるでしょう。

そんなときには、「すみません、お話をお聞きしたいのはやまやまなんですが、時間の関係で次のお客さまがいらっしゃるのもあるので、こちらに話を戻してもいいですか」と思い切って伝えてしまいましょう。

今の時代、商品やサービスがどんなに良くても、それだけでお客さまがリピートしてくれることは少なくなりました。

お客さまが自分の悩みをはっきりと認識し、それを解決して望んだ未来を手に入れたいと確信しなければ、何かを買おうとは思わないのです。

セールス前のヒアリングが重要なのは、お客さまの悩みと望む未来をしっかりつかむため。それらの情報が手に入ったら、フレームをしっかり作ってご提案します。

「お客さまが欲しい未来を手に入れる解決策の1つが、私の商品（サービス）なんです。実際に買った方は、こんな未来を手に入れています。だから、もしこのお試しがよければ、あとでご提案させて頂いてもいいですか」

サロンでは施術前にこうやってお伝えするだけで、お客さまの中ではほぼリピートが決まる状態になります。

まとめると、フレームを使うと次のような効果が期待できます。

①お客さまにこのヒアリングの目的をお知らせできる
②お客さまが答えてくれやすくなる
③接客側が会話をコントロールしやすくなる

ぜひ積極的に活用してみてください。

POINT

先にフレームを入れておけば、つっこんだ質問をしても大丈夫

6

お客さまに悩みをありありとイメージしてもらう質問テクニック

サロンなどでは事前にカウンセリングシートやアンケートで悩みについて書いてもらったりしているでしょう。でも、これを丸っきり信用するのは危険です。お客さまの書いていることと口で言うことが違うケースが、しばしばあります。ここでも、3割くらいは疑いながらしっかり深掘りしましょう。

「改めてお悩みについて教えて頂けますか」と始めて、答えを引き出していきます。それらを受け止めつつ、**「例えばそのお辛さがMAXのときは10だとしたら、今はどれくらいですか」と数値化してみてもらいましょう**。

これはクローズドクエスチョンなのでお客さまも答えやすいですし、数値化すると客観的に自分の悩みを見つめることができます。するとお客さまは、改めて自分が悩んでいることを実感して、真剣になってくれるのです。

お客さまの悩みを数字ではっきりイメージしてもらえたら、**そこから地獄トークに入っていきます**。

「そのお辛さって、どういうときに感じますか」と聞くと、例えば仕事が終わったとき、通勤のとき、などの答えが返ってくるでしょう。

このときお客さまは、その辛さを脳内で再体験しています。

人間の心と身体は、イメージでつながっています。だから、頭の中で辛いときの体験を思い出すと、そのときの感情がよみがえってくるのです。

答えが返ってきてもあっさり終わらせずに、しっかりと深掘りしていきます。

そうですよね、お辛いですよね、と受け止めた上で、「そういうときって、どういうお気持ちですか」「どんなお辛さなんですか」と質問をして、お客さまにありありと思い浮かべてもらいましょう。

そこから、「その悩みがずっと続くとしたら、いかがですか」「そんな状態が続いたら、ご家族や周りの人ってどう感じられますかね」と、**ご本人や、周りの方にどんな影響があるかイメージしてもらう質問をします**。

すると、お客さまも「嫌です」「仕事にも支障があるかも」「家族も心配だろうな……」と真剣に考えてくれます。

ここまできたら、**今度は天国トークを展開していきましょう**。

「この辛さが改善したら、いかがですか」「お仕事や周りの状況、変わっていきそうですか？」と質問して、お客さまにポジティブな未来をイメージしてもらいます。

それから、「それがずっと続くとしたらいかがですか」「そうなったら、誰が喜んでくれそうですか」と、どんどん明るい未来を広げていきましょう。

「夫が喜んでくれそうですかね」というふうに返ってきたら、「夫さん、なんて言ってくれそうですかね」と、具体的にイメージできるような質問を投げかけます。

天国トークを続けてお客さまの表情が輝いてきたら、自分の気持ちを伝えましょう。

「すごく嬉しそうなお顔をしてらっしゃいますね。そんな未来が来るお手伝いを、私もできたら嬉しいと思います」

そして、それまでの話をまとめて、まちがいないか確認します。

「今までのお話をまとめると、今はこういう状態でお辛いんですね。この状態がずっと続くと、××みたいになってしまうかもしれない。でも、それが改善すると○○のような未来が手に入る。そういう状態になりたいということで、大丈夫ですか」

大丈夫であれば、いつまでにそうなりたいのか、期限をちゃんと聞いておきましょう。**その期限までに望んだ未来が手に入るようにお手伝いしたい、と改めて気持ちを伝えます。**

この一連の流れが、引き出し接客でのヒアリングです。

ちなみに、数値化に関する質問はクロージングでも使えます。

「施術前はお辛さが8くらいって仰ってましたけど、今どれくらいですか？」こう尋ねると、サービスの効果をより意識してもらえますよ。

その上で、「数値をさらに減らしていくには通い続けなきゃいけませんね」という流れに持っていける鉄板の質問ですので、ぜひ使ってみてください。

POINT

数値化→地獄→天国と質問すると、お客さまは悩みを明確にイメージする

7

バックトラッキングに驚きをプラスして、好印象をGETしよう

接客するときのテクニックとして大変効果的な、バックトラッキング。

お客さまの言葉をオウム返しにするだけ、という実にシンプルな方法で、営業トークのテクニックでもよく知られています。

しかし、これは同時にとんでもなく難しいものでもあるのです。

バックトラッキングの形だけ真似ると、ウソくさく、バカにされたような印象を与えることがあります。

また、オウム返しにする言葉を適切に選ぶためには、練習と経験が必要です。


では、**どうすればバックトラッキングを使いこなすことができるのでしょうか。**

例えば、お客さまからこんな話をされたとしましょう。

「先日、孫が生まれたのよ。ただ、帝王切開で12時間もかかったのよね」

わざわざ「帝王切開で12時間も」と付け加えたのは、エピソードのその部分にお客さまの感情がこもっているからだと推測できます。

なので、「12時間もですか」とバックトラッキングすると、「そうなのよ、それでね……」と話が弾んでいきそうですよね。

他の部分をバックトラッキングした場合は、どうでしょう。「お孫さんが生まれたんですね」というところを拾うと、「そこが一番のポイントじゃないんだけどな……」という感想が出てきそうです。

このように**バックトラッキングするときは、お客さまがどの部分に感情を乗せたのかに注目し、共感を寄せることが重要**になります。

この共感を、さらに引き立たせるコツが、〝驚き〟をプラスすること。

先ほどの例なら、「えーっ、12時間もですか！」というふうに、ビックリしたことをわかりやすく伝える感じです。

もちろんこれも、やりすぎてウソっぽくなってしまうのはNG。

大事なのはお客さまに対する興味を持って耳を傾け、感情が動いたところに対してリアクションする、ということ。

思った以上に、他人に自分の感情は伝わっていないもの。だからこそ、**多少オーバーに驚きを表現してみましょう。**

すると、あなたの感情をきちんと受け止めていますよ、というメッセージが伝わり、お客さまも「あ、ちゃんと話を聞いてくれているんだ」と安心してくれます。

これはどんな相手に対しても使える方法で、男性やテンションが低く見える方にも有効です。

ただ、接客は好きだけどこういうテクニックは使いたくない、という方もいるかもしれません。

そういうときは、**ロープレで実際に体験することをオススメします。**

私のサロン経営講座でも、バックトラッキングのロープレを行います。普通にバックトラッキングするときと、驚きをプラスしてみたときの違いを感じてもらうのです。

お客さま役の人たちに聞くと、共感された実感が強いのは、やはり驚いた上でバックトラッキングするほうでした。

「えー」とか「すごい」と驚きを加えただけで、段違いに聞いてくれている実感があると、皆さんびっくりされます。こんなふうに一度体験してみると、接客でもやったほうがいいな、と感じて頂けるのです。

会話の中で驚きを表現することは、難しそうに見えて、実は普段の生活で普通に行っていたりします。

それがいざ接客となると、お客さまに対しての思い込みがブレーキになって、できなくなってしまいがち。ご機嫌取りだと思われないか、売り込みだって警戒されないか……そんな考えが、わざとらしさにつながってしまうのです。

接客は、お客さまと自分の温度を合わせていくためのコミュニケーション。バックトラッキングはそのためにやるテクニック。

そのマインドを持っていると、自然とブレーキも外れていきます。

POINT

お客さまの感情を読み取り、驚きを加えれば、信頼を得られる

共感できないお客さまは、〝受け止める〟から始めてみよう

接客しているときに、お客さまへの共感を示すことは重要です。

しかし、時にはお客さまの話にまったく共感できなかったりもしますよね。

例えば、ダイエットサロンに来ているお客さまが、コンビニ食ばかりたくさん食べてしまっていたとします。そりゃどうしても太りますし、なぜ添加物ばかり食べてわざわざ健康を害するのか、と思う方もいるかもしれません。

こういうときって、無理に共感する必要はないのです。

この例なら、下手に共感してしまうと「コンビニ食、食べていいんだ！」と変な解釈を招く恐れがあり、お客さまを「痩せたい」という真の望みから遠ざけてしまいかねません。

本当の共感とは、自分が心から「そうですよね」と感じることに対して起こります。それ以外のときに、無理やり共感するのは避けましょう。

では、共感できないときにはどう接客すればよいのでしょうか。

まず、この人はそういう行動をする人なんだな、と受け止めることが大切です。接客する側はプロですから、様々な情報を持っています。だからこそ、相手のことをつい素人だと思ってしまうことがあるでしょう。

しかし、お客さまにも事情や考えがあってその行動をしているわけです。**最初は、そういう人もいるよね、とただ受け止める。**それだけでいいのです。

その上で、お客さまがその行動をせざるを得ない背景について、理解するよう心がけてみましょう。

先ほどのダイエットサロンの例なら、「コンビニ食を食べざるを得ないほど忙しいんですね」というように、理解を示します。

共感が受け入れることだとすれば、理解は受け止めること。そして、行動を受け止めるだけでも、十分いいコミュニケーションになるのです。

そうしてやり取りを続けているうちに、本当に心から「そうですよね」と言えることに対しては、どんどん共感を伝えていきましょう。

これはもちろん、サロンだけでなく店舗などでも同様です。アパレル店なんかでは、店員からすれば奇抜に見えるファッションのお客さまが来ることもあるでしょう。

しかし、まさかそれを指摘なんてできませんよね。相手がお客さまだから、というのもあるでしょうが、その人なりの価値観だからそれを着ているんだ、とわかっているからだと思います。

なので、いったんそれを受け止めてしまいましょう。

そして、思い切って、話題にするのも1つの手です。

「とってもユニークなファッションで目を奪われました！ 昔からこのようなファッションなのですか。それとも、今だけですか」というふうに興味を持って質問すれば、相手も答えてくれるでしょう。

このように、**相手を受け止めて、理解をしっかりした上で、提案を行っていきます。**

「もし仮に、もっと違う自分になれるとしたら、こんな組み合わせはいかがですか」

「ちなみに今だとこういうのも旬でオススメですけど、お客さまはどう思いますか」

それで様子を見ながら、お客さまのご希望に合うよう話を進めていくのが重要です。


時には、頭ごなしに「いや、最近はこうですよ」と言ってしまいたくなることもあるかもしれません。

そこまではいかなくても、自分の感情がつい顔に出ちゃって、お客さまに伝わってしまうこともあるでしょう。

そういうときは、やはり「お客さまのことを何も知らない、だからこそ興味を持つ」というマインドを思い出して、質問で深掘りしてみてください。

お客さまを知り、その背景などがわかれば、自然と共感できるところが見えてくるはずです。

POINT

なぜその行動を取るのだろう？　そこに興味を持って質問していく

9

「雑談ばかりで質問できない」を解決するトレーニングとは？

お客さまと話すのは好きだけど、つい雑談ばかりになってしまって質問が全然できない……。その雑談も、お客さまに主導権を握られて、商品の提案ができないまま時間切れになってしまう……。

そんなふうにお悩みの方も、多いのではないでしょうか。

この問題を解決するために必要な考えは、２つあります。

１つは、**自分がお客さまの未来を叶えるためのサポーターという意識を持つこと**。

雑談でお客さまに話を持っていかれる方は、あえて言うと、お客さまのいいなりになってしまっているケースがとても多いのです。

お客さまに変に媚びへつらってしまうと、相手に不信感を抱かせてしまったり、ムダ話をどんどんしていいと思われたりしてしまいがち。

そうなると、お客さまの悩みを解決できる商品提案ができずに、リピートにつながらない結果で終わってしまいます。

これでは、本質的にお客さまのためになりません。

だからこそ、**接客側が主導権を取ることが重要**です。お客さまと対等、とまでは言いませんが、深掘りして話を聞きつつ、必要なことを引き出せるように、質問していきましょう。そのときに、フレームを使う（事前にこんな質問をしますよ、と宣言する）ことを忘れないでください。

それがお客さまのためになり、継続的なお付き合いに発展していくのです。

そしてもう1つは、**質問をするために、あらかじめロープレでトレーニングしておくこと**。

質問でなかなか深掘りができないのは、お客さまとどんな話をするかの想定ができていないからと、単純に脳と口が慣れていない言葉を使うからです。

普段言い慣れていない言葉って、いざというときにサッと出てこないんですよね。

フレームを使った質問などもそうです。だからこそ、ロープレで慣れておく必要があります。

例えばサロンに来たお客さまに理由を尋ねて、「近いから」と言われたとします。こう言われると、多くの人が話を流してしまいたくなるものです。ただ近いだけで他に価値がない、と言われた気がするんですね。

でも、そう言うお客さまもいるよな、と事前に心構えができていれば、さらに質問を続けていくことができます。このように、様々なお客さまを想定してロープレしていく中で、**普段使っていない言葉をどんどん使って、口と脳を慣らしていきます。**

ロープレのやり方で大事なのは、2人1組になって、お互いに話しやすいタイプのお客さまを設定して始めること。

最初からやりづらいお客さまでやってしまうと練習にならないので、簡単なところから慣れていきましょう。

お客さまの設定は、年代から年収、どんなお悩みを持っているかなど、自分が接客しやすいようにお互い決めていきます。そこから徐々に慣れていってお客さまのバリエーションを増やすのです。

十分つかめてきたら、実際にあった嫌なお客さまを設定して、「もっとこう切り返していたらよかった」というアイデアを試してみてください。**初めはいいお客さま、慣れたら自分にとって苦手なお客さま。**この2ステップでやると、すごくうまくいきますよ。

相手がいない場合は、1人で行うセルフロープレも効果的です。

私も、自分でサロンを経営していたときは、お客さまをお迎えする前のルーティンとしてやっていました。

やり方は、台本を作って、覚えるまでひたすらブツブツ言うだけ。1人芝居のように、相手を想定しながら唱えていきます。

ここでぜひやってほしいのは、ロープレを録音しておくこと。

あー、とか、えー、とかいう自分の口グセや、早口になってしまいがちなところが客観的にわかるので、得られる経験値が段ちがいになってきます。

POINT

言い慣れないことは言えない。ロープレでしっかり練習しよう

10

事実と解釈を分けて考えれば、ストレスがたまらない

サロンやカウンセリング、コンサルティングなどは、お客さまと何度もやりとりを重ねていくビジネス。

どうしても言いづらい指摘をしなければならない場面もありますよね。

わかりやすいのがダイエットサロンの例。

全然体重が減らず、明らかにたくさん食べているお客さまが、「あんまり食べてないんですけどね」なんて言ってきたら、「いや、食べてるでしょ！」とズバッと返したくなりますよね。

だけど実は**このときお客さまも、自分が悪いとわかっていたりします。**

どうしても食べすぎてしまう、そんな自分は怒られるんじゃないだろうか。内心そう思っているからこそ、ついごまかしたくなってしまうのです。

なのでお客さまの発言は１００％本当じゃない、と心に留めておくのが重要です。

その上で、実際には体重が減っていない、という〝**事実**〟に**着目**します。

「言いにくいんですが、体重減っていませんね。この理由って何だと思いますか」と、聞いてみましょう。

もちろん、ここも加減をまちがえて切り込みすぎると傷つけてしまうので、言い方には十分配慮し、感情的にならないように注意します。

すると、「実は……」とお客さまも本音を打ち明けてくれたりするのです。

感情的になってしまうのは、事実に対してこちらが付け加えた〝解釈〟のせいであることがほとんどです。

「ダイエットしたいのに食べ続けるのは、うちのサロンが嫌なんじゃないか」

「今、目が泳いだのは、私の話を聞きたくないからじゃないか」

だけど、お客さまが本当にその解釈どおりに行動を起こしたかは、確かめてみるまでわかりません。

だからこそ**事実と解釈を切り離して、まずは事実の確認をしてみましょう。**

一見、頷きながら話を聞いてくれている方にも、実際その通りなのか確かめてみることも大事です。

「すごく頷いて聞いてくれて嬉しいです、ちなみにどういうところがよかったですか?」「ここまで、ご理解頂けましたか」と質問することで、本当に話が伝わっているのかがわかります。

ビジネス系のセミナーなんかなら、思い切って「どこまでご理解されたか要約していってもらえますか」とぶっこんで尋ねてしまうのも効果的。

コーチングでもよくありますが、「ここまでやってみてどうでしたか」と1つ1つ確認しながらヒアリングを進めていくと、あまりブレが起こらずに済みます。

起こった事実を解釈する前に、お客さまに確認する。

それだけで、接客側のストレスも減っていきますし、お客さまとのコミュニケーションもスムーズになっていきます。ぜひ意識してみてください。

POINT

事実と解釈を切り離せば、お客さまの反応にも傷つかなくなる

3分でセールスできる自分へチェンジ！魔法の着ぐるみワーク

お客さまのために商品・サービスをセールスしていくには、変に相手を察しようとせず、接客側がしっかりと自分の意見を伝えて先導していくことが大切。

そうはわかっていても、すぐにできたりはしないですよね。

ロープレでもしり込みしてしまう方もいるのではないでしょうか。

そんな方でも、自信を持って接客できるようになる方法があります。

それが、**魔法の着ぐるみワーク**です。

1人でもできますが、2人1組でやると、さらに効果が大きくなります。

まず、お互い横に並んで立ちます。そして、肩幅に足を広げて、片方の人がもう片方の肩を少し押します。ポン、という感じで大丈夫です。

すると、たいていの人は力を入れていないのでフラッとなります。この、まだ何もしていないときの感覚を覚えておいてください。

次に、肩を押された方の人は、自分が憧れている人物を思い描きます。

誰でも結構です。歴史上の人物でもいいし、身近な人でも構いません。

ただ、セールスが上手だったり、「この人だったら売ってくれそうだな」と確信できる人を選んでください。

その人物がイメージできたら、自分の一歩前にその人が立っている、と想像してみましょう。その人は、自分に背を向けて順番に並んでいる、と考えてください。

そこまでイメージできたなら、目をつぶります。

そして、丹田（おへその下10ｃｍほどのポイント）に意識を向け、呼吸を整えましょう。

何秒か深呼吸を続けてリラックスしたら、目の前にいる憧れの人物に、上から下までチャックがある、と想像してください。

イメージの中でその人のチャックを上から下に下ろして、その中に自分が入ります。まさに着ぐるみを着る感じです。

憧れの人物を着たイメージができたら、実際に一歩、もう一歩、と踏み出して、その人の中に入っている感覚を身体になじませます。

ありありと「その人になったんだ」と実感できるまで、目はつぶったまま、深呼吸を続けましょう。早い方だと10秒くらいですが、イメージしづらい方は30秒ほど。

気持ちが落ち着いたら目を開けて、最初と同じように2人で並んで立ってもらいます。そして肩を押してもらうと、先ほどと違ってフラつかなくなります。

これが、魔法の着ぐるみワークです。

そんなバカな、と思われるかもしれませんが、このワークを体験した方はやる前後の違いにビックリされます。

そして、この感覚のままセールスに入ると、成約率もグンと跳ね上がるのです。ロープレの質も変わり、どんどん質問できたり、お客さまの目をしっかり見られたり、自分の言葉が出てくるようになります。

着ぐるみ、という言葉から、憧れの人と自分を重ねること、と思われるかもしれません。でも私は、これは**ブレた自分を元に戻すワーク**だと考えています。

接客は好きだけど、やっぱり自信がない……お客さまに嫌われたくない……提案して嫌な顔をされたらどうしよう……そういう恐怖心は、どうしても出るでしょう。

そんな**心の弱さが全面に出てブレてしまっている自分自身を、憧れの人に引き上げてもらって、元に戻す**――着ぐるみワークには、そういう力があるのです。

実際このワークをやった人は、今まで言えなかったセリフが言えるようになっています。お客さまのための提案を、変に媚びたり察したりせず、自分主導で伝えられるようになるのです。

フレームや仮クロージングなどの重要性がわかっていても、自信がなくてなかなか口にできない……そんなお悩みのある方には、ぜひやってみてほしいワークです。

POINT

売れる人を〝着る〟ことで自分の軸が戻り、きちんと提案できるようになる

12

リフレーミングを磨けば、接客マスターに！

お客さまとお話ししていて非常に効果のあるテクニックが、リフレーミング。

これは、**相手の使った言葉を別の言い方にする、**というものです。

例えばお客さまが「私ってガンコだから旦那とうまくいかないんですよね」と言ったとします。

バックトラッキングで「ガンコなんですね」と返すのは、あまりよろしくないですよね。お客さまはそこに共感してほしくて言ったわけじゃないはず。それでは、どんな言葉を返せばいいでしょうか。

こんなときこそ、リフレーミングの出番。この例なら、「ガンコと仰いましたけど、芯が強いってことなんじゃないですか」と別の角度から見て言い換えます。

するとお客さまも「そういう見方もあるんだ」「〝ガンコ〟以外の捉え方もしてくれるんだ」と、好意的な感情を持ってくれます。

お客さまのマイナスな言葉を、違う言い方でプラスに変える。すると、お客さまは自分を多角的に見てくれるんだ、と信頼を厚くしてくれます。

このリフレーミングは、私もよく使っているテクニックです。

しかしバックトラッキングを発展させたものなので、難易度は上がります。

日常的にいろんな角度から物事を見て、それをどうやったらプラスに捉えられるのか、と考えるトレーニングをしなければ、接客のときにサッと出てこないでしょう。

そのトレーニングとしてオススメなのが、**〝自分の行動を褒めるワーク〟**です。

これは**1日の終わりに、その日に自分がしたことから3つ選んで褒める**、というもの。自分の良いところを様々な角度から見るのが目的です。

注意するポイントは、〝行動〟に対して褒めるということ。

「今日頑張った私はえらい」だと、ちょっとあいまいですよね。なので、「今日インスタの投稿をした私は素晴らしい」というふうに、具体的に言葉に落としこみます。

行動に対して褒める、ということを続けると、「こういうところも素晴らしいんだ」「ああいうところも素敵なんだ」と、様々なものの見方ができるようになってきます。しかも、自分を褒めることで、自己肯定感も上がるわけです。

感覚を言語化するのは、初めは難しいかもしれません。しかし、褒めるワークを繰り返していくと、自然と言葉がよく出てくるようになります。

そして、**最終的にはどんなネガティブな言葉でもすぐに、「それすら素晴らしい」と言えるようになる**のです。

私のサロン経営講座でも、グループでリフレーミングのワークをします。わざとネガティブな言葉をたくさん出して、プラスに言い換えていくのです。

お客さま側「私って、長く続かないんですよね……」
接客側「長く続かなかったとしても、いろんなことにチャレンジしてきたんですね」
お客さま側「あの人と比べると自分ってダメだと思うんですよね……」

接客側「でも、比べられるぐらい客観的にその人を見られているってことですね」

お客さま側「私、あんまり愛想がいいほうじゃないんですよね……」

接客側「媚びを売らずに、他人に流されない人なんですね」

お客さま側「私、大人しくて人見知りなんです……」

接客側「人を察して、協調性が高い方なんですね」

人は一面だけじゃなく、いろんな角度で見るからこそおもしろい――それを本当に理解できると、自然と言葉が生まれてきます。

自分を褒めるワークでこの感覚を味わったら、今度はぜひ接客にも活用してください。様々な角度から褒めているうちに、お客さまとの間に信頼が結ばれていきますよ。

POINT

自分を褒めるトレーニングをすれば、お客さまも褒められるようになる

第3章

お客さまを迷わせず背中を押す、売り込まないクロージング

クロージングの前に、売れるかどうかは決まっている

セールスの9割は、事前のヒアリングで決まります。

お客さまの現状や悩み、そこから行きたい未来をしっかり質問で深掘りしていくことが、買ってもらうためにはとにかく大事。

商品・サービスは残りの１割にすぎず、大きな決め手にはならないのです。

そうは言っても、実際の商品やサービスのほうが重要なんじゃないか、と思う方もいるかもしれません。

あえて言います。商品そのものは、実はあまり関係ありません。なぜなら、プロとして、それらがいいものであるのは当たり前だからです。

例えば、現在では飲料水１つとっても様々な種類があります。得られる価値それ自体も、差別化できないほどです。

だからこそ、**その商品がお客さまの価値観や得たい未来にフィットしたものであると示せなければ、買ってもらえない**のです。

そのためには、ヒアリングの段階であなたの商品がそれらにピッタリくるものだとイメージしてもらうことが何よりも大切。

それが、お客さまの「欲しい！」「やりたい！」という気持ちを揺さぶります。

ヒアリングがきちんとできていなければ、クロージングでどれだけ頑張っても効果がありません。

サロンなどで施術が終わったあとに「いかがですか？」と尋ねがちですが、実はこれ、一番言っちゃいけない言葉なんです。

あいまいでお客さまに判断をゆだねるトークだから、買いたいという強いモチベーションを引き出せずに終わってしまいます。

代わりに、「今後お悩みを解決していけそうだと感じられましたか？」「行きたい未来に行けるイメージって、持てましたか？」と、聞いてみましょう。施術とお客さまの望みが重なってイメージできるほど、お客さまのリピートにつながります。

じっくりヒアリングしていくと、お客さまが買おうかどうか迷っているのが見える場合もあります。

そんなときも勝手に察してひけ腰にならず、応援者の1人というスタンスで接客を進めていきましょう。

「お客さまのお話を聞いていて、頑張れば必ず成果が出るし、行きたい未来に行けると私は思いました。お客さまもそういうお気持ちであれば、私は一生懸命サポートしますが、いかがですか？」

そうやって、自分を主語にするアイメッセージで気持ちを伝えるのが、お客さまの心が動くポイントです。

そうやって、**迷っているお客さまの背中を、最後にそっと押してあげる。**

決して小さな役割ではありませんが、クロージングでできることはそれくらい。勝負は9割ヒアリングで決まっているのです。

POINT

ヒアリングで9割勝負はついている、後は1割、そっと背中を押してあげるだけ

2

上手にクロージングするためのヒアリングのポイント

どんなにクロージングで頑張っても、ヒアリングがダメだったら骨折り損。

逆に、ヒアリングのポイントを押さえておけば、クロージングは流れに乗ったようにスムーズに進みます。

流れを作るヒアリングのポイントは、２つあります。

まず、１つめについて。施術を伴うサービスの場合、**お客さまの現状の辛さを数値で表してもらう**のがとても効果的です。痛みや辛さ、悩みの深さが今はどのくらいなのか、一番しんどいときはどのくらいか、数字にしてみてもらいましょう。

また、**写真を撮ったり、実際にお客さまに動いてもらったりするのも有効。**これもクロージングで、「お顔の歪みがこんなに良くなりましたね」「肩がここまで上がるようになりましたね」と成果を実感してもらえるので、ぜひ取り入れてみてください。

数値や写真だと、感情ではなく、単純に現状を事実として把握できます。お客さまの心も動きやすく、「このままじゃマズいかも……」と、切実に考えてもらえるようになるのです。

こういうとき、「いつまでにそのお悩みを解決したいですか？」と期限を定めるのはよくあるテクニック。

確かにお客さまに期限を意識してもらうのは大切ですが、それだけだと一方的な響きがありますし、一度きりではまず叶えられませんよね。

なので、「今日の体験だけでそこまで行くのはさすがにムリですが、このくらいまではよくなるので、楽しみにしていてくださいね」と、**今日できることと将来的にできることは違いますよ、と示しておくのも、ヒアリングの段階では重要**です。

こうお伝えしておくと、お客さまの期待も高まります。

そして2つめのポイントは、**こちらが言うのではなく、お客さまに言ってもらうこと。**ヒアリングでは、お客さま自身の言葉が大切になるのです。

例えば、こちらから仕向けようとして「私、痩せたほうがいいと思いますよ」などと言ったところで、お客さまはほとんど覚えていません。下手すれば「うるさいな」と悪印象を与えかねません。

逆に、**自分で言ったことはなかなか忘れないもの。**ウソをつきたくない、前言撤回するのはよくない、という心理から、自分の言葉はよく覚えていたりするのです。**ヒアリングで集めたお客さまの言葉は、クロージングのときにエビデンスとして有効活用できます。**「先ほどああいうふうに仰ってましたけど」と、お客さまの言葉で前置きするのはクロージングですごく使えるテクニックです。

「そのお気持ちにまちがいはないですか？」「そういうふうになったらいいですよね」とつなげていけば、お客さまも自分事として耳を傾けます。

数値や写真で体感してもらったり、お客さま自身の言葉で話してもらったりできれば、クロージングの流れは自然と決まってきます。

POINT

ヒアリングで引き出したお客さまの言葉が、クロージングを決定する

ビフォーアフターを実感すれば、お客さまは本気になる

商品やサービスは、それぞれ素晴らしい価値を持っています。

しかし、お客さま自身がそれを実感できないと、ないものとされてしまいがち。

しかもたいていの場合、お客さまは試供品や初回の施術を試しても、その価値が自分にとって本当はどれだけ役に立つものか、わからないのです。

どうすれば、お客さまに商品・サービスの価値を実感してもらえるのでしょうか。

その答えは、〝変化〟をはっきり感じてもらうこと。

その商品・サービスを体験する前とした後で、自分にどのような変化が起きたのかを感じてもらうのが非常に重要です。

そのためには、**お客さまの体感を表現してもらうのが有効**です。特に、コーチングなどのセッション系の方には使えるテクニックになります。

例えば、「今、どんな状態ですか。言葉に出すとしたらどんな感じですか」と尋ねてみます。ざわざわしてます、と返ってきたら、「どこがざわざわしてますか？」「温度で言うとあったかめですか、冷ためですか」というふうに、具体的に体感を引き出していきましょう。

そしてお客さまの答えを繰り返してバックトラッキングしつつ、お客さまがどんな言葉を使ったか忘れないようにしておきます。

体感を聞くのは、考えを言葉にしづらいお客さまのときにも役立ちます。

その中で、お客さまの様子をよく観察します。

呼吸が浅くなったり、顔が紅潮したり、うつむき加減だったり……そうして見つけたことを、「私はこういうふうに感じたんですけど、いかがですか」と自分が感じたことを伝えて、お客さまにより深く現状を確かめてもらいます。

現状を尋ねたら、そこで終わらないように注意が必要です。

「今の状態を覚えておいてくださいね」との言葉がけを絶対にしておきましょう。

これは、お客さまのためでもあります。お客さま自身が違いを感じないと、心の変化も起こりにくいですし、もっと良くなろうという気持ちが起こらないのです。

逆に、きちんと違いがわかるようにしておけば、その商品・サービスの価値をより体感してもらえます。

ヒアリングが終わって、実際に商品・サービスを体験してもらう段階になっても、現時点を常に確認していく作業は必要です。

「ここまで、どうですか？」「何か変化は感じましたか？」というふうに、折々でお客さまが違いを感じているか確認するようにしてください。

このように、**接客中に現状と未来のギャップを感じてもらうための仕掛けをしていくことはとても重要**です。そのギャップがあってこそ、お客さまの「買いたい！」というモチベーションが生まれます。

POINT

ギャップを感じられる仕掛けが、お客さまの「買いたい！」を引き出す

「いかがですか？」「どうですか？」が厳禁な理由

クロージングのときに使いがちな、「いかがですか？」「どうですか？」といったオープンクエスチョン。

長年セールスを実践して、教える立場としては、オススメできません。というより、むしろ危険ですらあります。

まずこう聞かれると、お客さまが迷ってしまうんですね。自分の気持ちをうまく言葉にできずに、口ごもってしまう方もいます。すると、前向きに検討していた人でもだんだんネガティブな気持ちになってしまうのです。

それに、どうですか？　と尋ねるのは、ある意味、感想をお客さまに丸投げしているので、無責任と受け取られることもあります。

お医者さんが診察したとき、「あなたガンなんですけど、どうですか？」なんて言い方はしませんよね。プロとして、しかるべきプロセスを適切に伝えるはずです。

ちょっと極端な例ですが、セールスもそれと同じ。**接客する側はプロとして、お客さまの気持ちを引き出し、自信を持って提案につなげていきましょう。**

それでは施術や体験が終わったあと、具体的にはどうクロージングを進めていけばいいのでしょうか。

まず、**ヒアリングのときに得た情報を元に、お客さまの答えやすい質問をしていきましょう**。

このとき、「施術を受けて頂いて、どこに変化を感じましたか」「来店したあとと今とでは、何が変わりましたか」というように、お客さまに変化を感じてもらえるような質問にするのがポイントです。

こうやって小さなＹＥＳを積み重ねていったら、そこで「お客さまが先ほど仰っていた未来が叶うイメージは、持てましたか」と**天国トークを絡めた質問をします。**

持てそう、という返事が出たら、サラッとこう言いましょう。

「それでは、ヒアリングのときにイメージが持てそうだったら、通いやすいコースのご相談をしてもいいですか、とお伝えしたと思うので、早速説明に入りますね」

いいですか、と許可を求めるとお客さまにもためらいが生まれます。ここではあくまで、「事前に言ってＯＫもらっているから、説明しますね」というスタンスで、**本当にサラッと入るのが重要**です。

説明に入ってからも、お客さまに全面的に委ねず、こちらできちんと舵をとっていきましょう。

ここで使ってほしいのが、私を主語にするアイメッセージです。

「私はお客さまの身体を施術して、このプランだとより結果が出せると感じました。お客さまは、どう感じますか？」というふうに、**主語を自分にして、プロとしての目線から、考えを伝えましょう。**

お客さまとの距離を縮めてくれるのが、アイメッセージ。「あなたはそう思ってるんだ」と、相手と自分を切り離して感じられるので、逆に安心できるのです。

あまり考えたくないことですが、中にはどうしても無理で断るしかない、と思っているお客さまもいます。しかし、断るのにもめちゃくちゃなパワーが必要なのです。**断りたいと思っているお客さまも、そこにとてもストレスを感じているんだ、と接**

客側が理解しておくのも大切。

もちろん、成約してもらえるのが一番いいですが、断りたいお客さまがそう言いやすくなるよう、質問を答えやすく工夫する必要があります。

そうして余計なプレッシャーを感じずに断ることができたお客さまは、時間をおいてからまた来店されるかもしれません。

セールスの９割を決めるのはヒアリング。ですが、「どうですか？」とお客さまに全権を預けるようなクロージングだと、決まるものも取りこぼしかねません。

最後の場面だからこそ、プロとしてしっかり提案していきましょう。

そうすれば、成約をより確実なものにすることができます。

POINT

「どうですか」は売り手の責任放棄、しっかりアイメッセージで伝えよう

5

断られるのが怖くなくなる無敵のマインドセット

セールスを決める9割はヒアリングで、クロージングは重要じゃない。

そうは言っても、「断られたらどうしよう……」と、クロージングへの苦手意識がなかなかぬぐえない方も多いんじゃないでしょうか。

実は、私もいまだに苦手意識はあります。

勝負の決め手となるのはヒアリングでも、結果が出るのはクロージング。成約できるかどうかの瀬戸際ですから、緊張してしまう気持ちはとてもわかります。

そんなとき、大切にしているのは**「断られてもいいや」というマインドセット。**

どんなにすごいセールスパーソンでも、商談が100%成功するなんてことはありませんよね。お客さまが100人いても、全員が買ってくれることはありません。

野球に置きかえてみれば、あのイチロー選手、大谷選手ですら、打率は3割。残りの7割は負けているのです。だからセールスをして10人中7人に断られたって、それが普通。このように、数字を頭に置いておくと冷静になれます。

また、お金の話をするのに拒否感を覚える方もいるかもしれません。

そういう場合、**「セールスは売り込みではなく、お客さまに情報提供する」**だけなんだと考えてみてください。

お客さまが知りたい情報をお伝えしたり、現状の悩みやなりたい未来を質問で引き出した上で、そのために役立つ商品・サービスがこれですよ、とお伝えしたりする。

セールスとは、そのための機会なのです。

そう考えても断られることへの怖さが残るときは、想定が不足しているのかもしれません。**断る7割のお客さまにも、たいてい断り文句があります。そこをあらかじめ想定して、回答を準備しておく**のです。

保険の優れた営業マンは、訪問前に様々なターゲットを想定して準備するそうです。

20代向け、30代向け、40代向け、あるいは独身向け、家族、要介護者……どんなお客さまにも対応できるよう、パンフレットを持って出かけるのです。

そして、あらゆる想定問答を事前に行った上で、営業に臨むのだとか。

断られるのが怖い多くの人は、「クロージングのとき、こんなふうに言われたらどうしよう?」と不安があるものの、それに対しての準備をしていません。そして、実際そう言われたときに、焦ってしまうのです。

ですから、**不安に思うケースはあらかじめ想定しておきましょう。**

そうしたマインドセットの元でしっかり準備をしておけば、クロージングへの苦手意識に押し潰されないようになります。

すると、ヒアリング中もお客さまに集中できて、深掘り質問が進みます。これがクロージングの精度を高め、どんどん好循環を生み出していくのです。

POINT

準備をしっかりして、買ってくれる10人中3人に向けて情報提供していく

6

断られたら、チャンスが広がる？

クロージングまでこぎつけたけれども、お客さまに「やっぱり高いからいいわ」と断られることはよくありますよね。

そんなとき、「そうなんですね、ありがとうございました」とすんなり引いてしまっていませんか。

実はこれ、大きな機会損失なんです。

断った直後、お客さまは「よかった、私が買わないってわかってくれた」と安心して、本音を引き出しやすくなっている状態です。

なので、「ありがとうございます、今回は本当にご縁がなかったということでわかりました」と**クロージングを終わらせたら、どんどん質問していきましょう。**

「どういうところが高いと思いましたか」「どんなふうなら、買いたいと思いましたか」と尋ねていくと、「他社のサービスならこういうのがついているのに、なくてこの値段だから」とお客さま視点から具体的な改善ポイントがわかります。

断られてからが営業、という言葉もあります。そのお客さまの価値観と、断った理由をきちんと引き出せれば、次回の売り上げに結びつくのです。

また、はっきりとした理由がわかれば、自分の中でも断られた理由に納得がいき、精神的ダメージが小さくなります。

どうにか買ってもらおうとクロージングをやり直そうとすると、こちらもお客さまも辛いですし、クレームにもつながりかねません。

断られたときはむしろチャンス。商品開発の情報収集だと思って、積極的に色々質問していきましょう。

また、お客さまの断る理由をしっかり聞いていくと、別の商品へ興味が発展していくこともあります。

例えば、100万近くする商品のクロージングをしているとして、商品は気になるけどそこまで払えない、というお客さまがいたとします。

そんなとき、思い切って「いくらだと買えたと思いますか？」と現実的な金額を聞いてみましょう。

それで仮に30～40万なら、との返答だったとき、「その金額なら、今回の商品のような特典はつかないけども、オンラインで学べる教材があるんですが、ご興味はありますか？」と尋ねます。

お客さまが興味を持たれたら、そちらの商品をご案内するのです。こういった流れで成約に至るケースも少なくありません。

このように、**もともとの商品の簡略版や、カスタマイズして値引きするダウンセルをやってみると、案外お客さまも買ってくれたりします**。

ただし、定価で売れず、ダウンセルなら売れる、という状況が続いた場合は、商品市場的に高い価格設定になっている可能性もあります。

その場合は商品・サービスを見直したり、違う切り口で新しく作ったりしてみるのもオススメです。

反対に、**基本料金を設定して、そこからオプションを積み上げていくクロスセルと**

いう考え方もあります。

新車の購入はそのいい例で、車自体の価格は決まっていますよね。その上で優れた営業マンは、きちんとヒアリングをしてお客さまのニーズを引き出していきます。お客さまがスキーに行くなら、サビ止めを提案する。ナビをよく使うなら、最新のものをオススメする。そうして積み重ねていくと、元は２５０万くらいだったものがいつの間にか３００万を超えてしまっていた、というのはよくあることです。

ただ、車などのモノはこれで良いのですが、施術やカウンセリングの商品であれば、まず自分が一番良いと思うものを自信を持って提案することをオススメします。

断られても、諦めなくて大丈夫。

お客さまの断る理由をしっかり質問することで、ひょっとしたら別の提案ができるかもしれませんし、それがなくても今後の商品改善に役立つ情報が手に入ります。引き出し接客を活用して、このチャンスをばっちりモノにしましょう。

POINT

断られても諦めずに質問すれば、新しい売り上げへの道が開ける

7

ヒアリングで「断り文句」を潰しておく

クロージングで遭遇するのが、お客さまの断り文句。
様々なバリエーションがありますが、分けてみると次のようになります。

●時間がない
●自信がない
●お金がない
●自分でやってみます

あー、あるある、と苦笑された方も多いのではないでしょうか。

そして、こういった断り文句が出てきた時点で巻き返しができなくなる、なんて経験をしたことは、誰でも一度や二度はあるはず。

こんな事態を避けるためには、何より断り文句を言わせないのが一番です。

そのために大切なのが、ヒアリング。お客さまの悩みを徹底的に深掘りして、出てきた不安要素をそのたびに潰しておくことが重要なのです。

では、どうやったら潰せるようになるのか？

効果的なのは、〝第三者話法〟を使って情報を織り交ぜていくこと。

例えば、お客さまが忙しいという話が出たとしましょう。そんなときは「そうなんですね」といったん受け止めつつ、ひとり言風にこう伝えます。

「そういえば、結構うちのクライアントさんも忙しい方が多いんですよ。介護だとか、お子さんがいたりとか……そういう人でも、月2回は通ってるんですよね～」

このように、第三者……他の誰かのケースを、雑談っぽく織り交ぜておくのです。

すると、クロージングのときに忙しいからと断られそうになっても、「あ、さっき言ったみたいに月2回で通ってる人も多いですけど、いかがですか？」と切り返せるようになります。

1人でやってみます、というお客さまにも、同じように第三者話法が有効です。

これもまたヒアリングのときに、さりげなく情報を混ぜておきます。

「体験で来た方には、自分でもこのトレーニングできそうだって人もいるんですよね。でもその人結局、自己流でやって腰痛めちゃったんですよね」

「自己流でやると、筋肉の使い方とか力の加減とかがわからなくなって、やっぱり途中でやめちゃうんですよね」

こうして事前に伝えておけば、クロージングで断り文句が出ても、「さっきちょっと言ったみたいに、自己流が危険なんです。自分でしっかり覚えてから、セルフケアできるトレーニングもあるので、それでやってみませんか」と返せます。


第三者話法を使ったトークはお客さまの記憶に残りやすいですし、どんなタイプの断り文句にも使えます。

まずは典型的な断り文句を想定して、ヒアリングのときに織り交ぜる雑談と、クロージングのときの切り返しを考えてみましょう。

ポイントになるのは、お客さまと似た事例を引き合いに出すこと。

続けられる自信がない、と言ったお客さまに、同じような状況だった別のお客さまのケースをお話しするようにしましょう。

「クライアントさんの中で、お客さまと同じように仰ってた方がいましてね。こんなたくさんのレッスン続けられる自信がないと不安そうにしていたんですよ」

「でもうちは、本当にマンツーマンで、進捗状況を確認しながらやりますんでね。今は自信ない、なんて全然言わずに、こんな結果を手に入れてるんですよ」

似た事例でビフォーアフターまで示せると、商品・サービスがもたらす未来をお客さまにもグッとイメージしてもらいやすくなります。

それと、これは日本人ならではですが、「皆さん最初はそう仰るんですよ」というのもすごく効き目があります。

「他の人もみんな最初は似たような不安があった、でも今はこうなりました」この流れは万能な切り返しです。ぜひ使ってみてください。

POINT

ありがちな断り文句は、第三者話法で事前に潰しておく

定番の断り文句への対処法①「お金がない」と言われたら

クロージングでよく出くわすお客さまの断り文句、「お金がない」。

これに対応するには、どうすればいいのでしょうか。

初めに考えてほしいのは、ひょっとしてあなた自身が「このお客さま、お金がないんじゃないか」と思って接客していなかったか、ということ。

というのも、お客さまが「お金がない」と言うときは、必ずしも生活に困窮しているということではないのです。むしろ、ファッションや食事、美容グッズなど、欲しいと思ったものにはお金をかけている可能性だってあります。

ではなぜクロージングのときに「お金がない」と言うのか。

それは**多くの場合、「お金を出すほどこの商品・サービスに価値を見出せていない」という意味**なのです。

もちろん、あなたのプレゼンした商品・サービスがまったく価値を持っていないということではありません。クロージングに至るまでのヒアリングやお試し体験で、その価値がお客さまに伝わっていなかっただけ。

つまり、事前にお客さまの価値観や悩みを十分に質問できていなかったということ。そして、それを妨げていたのは、「お金がないお客さまに深掘りするのはよくないんじゃ……」という遠慮です。

この遠慮を、まずは捨てましょう。

お客さまのお財布事情をこちらが変に察するのは、かえって失礼です。それに、お客さまが本当にその商品・サービスが必要だと感じ、その価値があると判断したならば、絶対に買います。

実際にお金を持っているかどうかは関係ありません。あのライザップだって、高額所得者だけが行っているわけではなく、薄給でもお金をやりくりして通っている人もいます。それだけの価値があると思っているからです。

だからこそ、**深掘りヒアリングを通してあなたの商品・サービスの価値をお客さまに感じてもらう、これが大前提**になります。

そうした上で接客しても、金銭的にちょっと……としり込みされるお客さまもいます。そんなとき、むやみに押すのはかえって逆効果です。

まずは一度、「わかりました、今の状態だとお支払いが厳しいんですよね」と、お客さまの言葉を受け止めましょう。

そして「じゃあ、先ほどの◯か月までにはこうなりたいという、そのお気持ちは、今も変わらずにお持ちですか」と、お金から少し逸れた質問をします。

持っている、と返ってきたら、「であれば、私もやっぱりサポートしたいと思うので、もしよろしければ、例えば分割払いでやるのはいかがですか」というように、こちらと向こうの妥協点を探っていきましょう。

お客さまがいくらなら支払えるのかを確認した上で、別のプランや、内容を削ってダウンセルを提案していくのです。

また、決裁者じゃないから買えない、という場合は、お客さま自身の本気度を確かめていくのが重要です。

夫の許可がないと……と言う方には、「まずそれは一回脇に置いといて、お客さま自身は買いたいと思っていますか?」と切り分けましょう。

それから、「100円の飲み物を買うにもお伺いを立てなければだめなのですか」「今までずっとそうなのですか」と、どんどん深掘りし、「本当に欲しいときは、どうやって説得するんですか？」というところまで切り込みます。

「お客さまのやりたいお気持ちに変わりがなければ、どう説得すればお金を出してくれると思いますか」と考えてもらった上で、「もしも本気なら、私も一緒に説得する方法を考えますが、いかがですか」と踏み込みましょう。

忘れずやってほしいのが、決裁者に購入をするかどうか自体の相談はしないでくださいい、と念を押すこと。決裁者はたいてい、反対するに決まっているからです。

購入したい気持ちが本物であるという前提の上で、「どうやったらOKをもらえるか一緒に考えましょう」と気持ちを伝えましょう。そこでお客さまがためらうようなら、本気でなかったということなので、無理にプッシュしないで大丈夫です。

POINT

深掘りヒアリングで価値が伝わっていれば、お金は問題じゃなくなる

定番の断り文句への対処法②
「時間がない」と言われたら

「お金がない」に並んで定番となっている断り文句、「時間がない」。

これも、本当に時間がないというよりは、断るための定番フレーズだったりします。この言葉が出てきた時点で、巻き返しはかなり難しいとは感じます。

そうならないためには事前のヒアリングが重要ですが、「時間がない」と言われたあとにも深掘りするチャンスはあります。

「それじゃあ、使える時間ってどのくらいですか」「1週間なら、どのくらいありますか」と、改めて細やかに事実確認することから始めましょう。

そして、「時間がないということですが、◯か月後にこうなりたいというお気持ちに変わりはないですか」と、お客さまの気持ちを確認します。

変わりない、と返ってきたら、「それならやっぱり、うちの商品（サービス）でなくても何かしら時間を作ってアクションしないと、そういうふうにはならないですよね」と思い切ってつっこみます。

「お客さまが本気でないなら私も提案しませんが、本気であれば、私もいくらでもご提案しますよ。いかがですか」

ちょっと詰問しているように聞こえるかもしれません。でも、事実確認で丁寧にヒアリングできていれば、信頼関係が築かれているはずです。だから、案外そうとは受け取られません。

お金と一緒で、時間も作ろうと思えば作れるのです。むしろ、時間がないからこそ何かしら行動を起こさなければ、お客さまはいつまで経ってもその状態が続きます。

深掘り質問の中でそれに気づいてもらいながら、お客さまがどうすれば購入できるようになるのか、すり合わせていきましょう。

やり取りの中で商品をお客さまに合わせてカスタマイズするのもありですが、事前に、商品・サービスの種類を用意しておくと落ち着いて案内できます。Aがダメなら

B、BがダメならC、CがダメならD……とある程度想定しておくのです。

そうすると、どれかを買うお客さまも出てきますし、途中でアップグレードを希望する方も出てきて、結果的に売り上げは上がっていきます。

さらに、どういう商品・サービスがいいかのマーケティングにもなりますので、「時間がない」に負けず、どんどん質問していきましょう。

また、物販店舗なんかだとまた話が違ってきますよね。お客さまが他の店も見たいから、いったん店を出なければならない。だから、「時間をください」という場合もあるでしょう。

こういうとき効果的なのが、〝お取り置き〟です。

私も百貨店で販売員をやっていたときには、よくやっていました。「今日中であれば取り置きしておきますが、どうですか」「これすごい人気で、なくなっちゃうから取り置きしておきますよ」と言うと、お客さまが喜んでくれるんです。

ポイントは、限定性を出すこと。

何時までにお越し頂ければ大丈夫です、でもそれ以上だとちょっと……とお伝えしておくと、お客さまの購買意欲をグッとあおれます。

それで時間が過ぎて店頭に出し、そのアイテムが売れてしまったあとで、お客さまが再度来店したとします。するとお客さまも、「やっぱり、あのとき買っておけばよかった！」と強く思うんです。

そこでまた、似ているアイテムをお見せしたり、別の提案をしたりもできるので、売り上げが上がっていきます。


特にその時点で取り置いてほしいものがないお客さまもいますよね。

そういう場合は、「何か気になっているものとかあれば教えて頂けますか。今度来たときお伝えできるように探しておきますね」と、考えてもらうような声かけをします。

また来てもらえるような工夫を質問に盛り込んで、次につなげていきましょう。

POINT

時間がないからこそ行動が必要だと、ヒアリングの中で気づきを促す

10

定番の断り文句への対処法③「自信がない」と言われたら

クロージングのときによく聞く、「自信がない」という断り文句。

これはお客さまが他で似たような商品・サービスを購入したときに、成果が出なかったり、続けられなかったり、そんな経験があるときに出てくる言葉です。

あなたのところもどうせ同じでしょ、と思っていることもあります。

そんなときは、**よそとうちとはどう違うのかを改めて説明しましょう。**

本来であればヒアリングの段階でやっておくのがベストですが、あらかじめ作っておいた比較表を用いて違いをわかりやすく示すと効果的です。

他との違いがわかれば、前によそで結果が出なかった、という不安は潰せます。

あとは、**改めて価値を理解してもらうために、お客さまの状況に似た、他のお客さ**

まの事例をどんどん挙げていきましょう。

「サロンジプシーの方も、うちに通ってこんなところがいいと仰ってるんですよ。もちろん個人差があるので絶対とは言えないんですが、お客さまと似た方だったので、当てはまるかなと思ったんです。聞いてみて、どう思いますか」

こうした事例を集めるために、モニターを取っておくのも重要です。

同じように、雑誌に載った、テレビで紹介された、医師も推薦している、大手美容クリニックと同じ機械、といった切り口も有効です。日本人は権威性に弱い方が多いので、使える場合は積極的に使っていきましょう。

「自信がない」と言うお客さまの中には、購入の決断自体が怖いという方もいます。そういうときは、**お客さまが望む未来に行くサポーターというスタンスで、背中を押してあげるのが大切**です。

「お話を聞く限り、私はお客さまが頑張れば必ず成果が出ると思います。お客さまが本気であれば私は一生懸命サポートしますけど、いかがですか」と、自分を主語にしたアイメッセージで、自分の気持ちを伝えましょう。

もちろん、これも上っ面の言葉だけではお客さまは動きません。自分自身が、心からそう思っている必要があります。それに、どれだけ誠心誠意で接客しても心がクローズなままのお客さまもいますし、万人に対して有効というわけでもありません。

しかし、そもそもセールス自体が百発百中というわけではないのです。その中で、自分が応援したいというお客さまに出会い、それを伝えていく過程で、心を揺らすお客さまの数を増やしていくことはできます。

深掘りヒアリングしながらバックトラッキング（オウム返し）やリフレーミング（相手の言葉をポジティブに変換して返す）を繰り返していくと、自然とお客さまに対して応援したいという気持ちが湧いてきます。また、お客さまも自己肯定感が上がって、望んだ未来を手に入れたいと思うようになるのです。

そんな中で、**やっぱり最後の一歩を踏み出せない……そういう方の背中を押してあげるのは、とても大切なこと**です。特に、高額な商品やサービスになると、ためらいが出て当然。だから、後押しが必要です。

お客さまが購入するのにどうしても戸惑いがあるようなら、過去の決断について質問してみましょう。「今まで大きな買い物ってしたことありますか」「即決派でしたか、それとも結構考える派ですか」と尋ねてみてください。

後になってお客さまも本心が出てくることも多いので、「実は即決はしない主義なんです」とポロっと言ってくれたりします。それらを受け止めた上で、理由なども聞いていきましょう。

お客さまがどういう決断をするタイプかを受け止めた上で、それに応じた提案をしていきます。クーリングオフがあれば、そう伝えると安心してもらえます。


一方、売る側としては、当日に即決してほしいのが正直なところですよね。なので、即決用の特典（例えば、今日中に決めると3万円引きなど）を用意するのも良いでしょう。**いま決断する理由を作ることは大事**です。

即決をさりげなく推しつつ、決して無理強いにならないよう注意してください。

お客さまの価値基準を尊重しつつ、背中を押す提案をしましょう。

POINT

お客さまのサポーターになり、同じようなお客さまの事例を挙げる

自信が持てる一番の商品をオススメしよう

お客さまに提案するなら、自信の持てる最高の商品やサービスがいいですよね。

そうはわかっていても、実はなかなかできなかったりします。


私も自分のサロンで、よく失敗しました。

ご新規のお客さまに試してもらうサービスを、30分3000円のような一番安いものにしていたんです。

次回の予約をとりたいので、30分でめちゃくちゃ一生懸命に施術します。

すると、お客さまはとても満足されるのですが、「30分メニューで十分だったから、それ以上のメニューは要らないや」という感想に落ち着いてしまうのです。


この反省を活かして、一番自信があって自分も売りたいと思える90分1万5000

円のコースを、お試し価格９８００円で出すことにしました。

これが当たって、90分コースの良さをわかってくれたお客さまが、次回もそれで予約を入れてくれるようになったんです。

最初から低価格では売らず、まずは最高の商品で勝負する。 自分が本当に効果があると信じるものをオススメする方が、クロージングにも力がでます。

それで難しければダウンセルしていけば良いのですから。

とはいえ、高価な商品・サービスを売るためには、やはり自信を持つことが大事。初めから自信１００％でセールスできれば、苦労はしないですよね。

そこで、その自信を補うために、プレゼン用のツールを準備しておきましょう。

オススメなのは、ＧｏｏｇｌｅスライドやＣａｎｖａなどで資料を作り、タブレットで表示したり、パンフレットとしてお渡ししたりすること。

商品・サービスの特徴や、他の競合との比較、あなた自身や会社のプロフィールなどを、わかりやすくまとめましょう。

他との比較は表にすると、お客さまが直感的に理解できて効果的です。また、メニューが多いなら、ジャンルに分けて分布図にしておくといいでしょう（例えば、ダイエットメニュー・リラクゼーションメニューなど）。

その中でも、**お客さまに一番推したい商品・サービスは、明確に打ち出しておきましょう。**「3か月改善プログラムが、一番効果が出ますよ」と資料の中で目立つようにしておくと、お客さまにも興味を持ってもらうきっかけになります。

私がサロンをやっていたときは、〝ご案内ブック〟というかなりの情報量の冊子を作っていました。

「自分にはこういう過去があって、だから今このサロンを開いて、こんな結果が出ています。使っている化粧品はこういうのです」そういう情報が、全部わかるようにまとめてありました。

とはいえ、現代ではWEBサイトやインスタが、パンフレットの代わりとなっていますので、ご来店頂いたお客さまに、それを印刷して改めてお出しするのも良いでしょう。私のご案内ブックは事前には配らず、ご来店されたお客さまにのみ、お渡ししていました。

もちろん、ツールはあくまでもツール。

そこに書いてあることを全部説明すればいいわけではなく、ヒアリングのときにお客さまの理解が進みやすいように使うことが大切です。

それでも、説明や案内、提案をすべてトークだけでするのは難しいですよね。こちらがしゃべる量が増えると一方的になりますし、お客さまにも押されている感を与えてしまいかねません。

だからこそ、**スライドやパンフレットなどのツールを使えば、お客さまのプレッシャーも低減できますし、いっそう商品やサービスのよさをイメージしてもらいやすくなります。**

商品・サービスは、高額になればなるほど、しっかり説明する必要があります。

こうしたツールは、そのための心強い味方です。

POINT

ツールを準備しておけば、最高の商品を、自信を持ってオススメできる

12

お客さまが思わず食いつく、売りやすい高額商品とは？

商品やサービスは、高額であればあるほど事前の準備が必要です。してておいたほうがいい準備の1つが、商品設計。お客さまの状況に合わせてご提案できるように、いくつか作っておくのがオススメです。

基本は、〝松竹梅〟の3種類。その中でも最高ランクの〝松〟をセールスすることから始めましょう。

多くのお客さまは、3種類並べると中ランクの〝竹〟を選ぼうとされます。しかし、ヒアリングでしっかり深掘り質問しておけば、「そのお悩みでしたら、こちらのほうがより成果が出ますよ」と松の商品・サービスを勧めやすくなります。

オプションありきの松ランクで話を進めながら、どうしても無理、というお客さまには、竹、梅、とダウンセルしていくといいでしょう。

高額なものであるほどお客さまの迷いが生まれやすいので、商品・サービスのラインナップはできるかぎり絞ったほうがベター。

ですが、あえて複数のコースを作っておく、というのも1つの方法です。**ポイントは、お客さまの悩みや得られるベネフィットを打ち出すこと。**

美容院なら、枝毛専用コース・つや髪コース、整体なら、肩こりコース・腰痛コース・体質改善コースというふうに、どの悩みに効くのかが一目でわかるようにしておきます。

実際にはほとんど同じ内容でも良いのです。悩み別でメニューがあるだけで、お客さまはグッと選びやすくなりますし、こちらも提案がしやすくなります。

逆に、筋膜リリース・アロマトリートメント・フェイシャルの3点パックコース、というふうに、メソッドを並べただけのメニューは売りづらかったりします。

お客さまが欲しいのは、それらのメソッドを使って得られる成果。だからこそ、それがしっかりわかるネーミングやキャッチコピーが大切です。

例えば、頭の先から顔の疲れを取りながら、さらに小顔にもなれるスペシャルダイヤモンドコース、みたいにするとイメージも膨らんで売れやすくなります。

また、絶対疲労回復スペシャルコース、というように、**得られるベネフィットが名前からわかるメニューだと、お客さまも価値を感じやすくなる**でしょう。

もったいないなと思うのが、ホットペッパーなどのクーポンサイトから予約されるお客さまに、きちんとヒアリングしないまま予約のコースで施術すること。お客さまがそのコースにしたのは無難そうだからで、ベストな選択ではないかもしれません。深掘り質問をしてきちんとお悩みを尋ねた上で、例えば、お客さまの悩みをよりよく解消できるオプションがあるなら、「そちらにも変更できますがいかがですか？」と提案してみます。

お客さまも、そういうものがあると知れば、興味が湧くかもしれません。**丁寧にヒアリングして、本当にお客さまの悩みを解決できるプランを提案していきましょう。**そうすれば、自然と客単価もアップしていきます。

POINT

お客さまのベネフィットがわかる商品設計にしておけば、提案しやすくなる

第4章

接客業に関わる9割の人が勘違いしている考えや行動

1

商品知識だけでは、お客さまには響かない

売れないセールスマンを見ていると、1つの共通点があります。

それは、**商品知識だけでセールスしようとしてしまうこと**。

自分の知識を全部出せばお客さまも満足するだろう、と考えていないでしょうか？

でも、ちょっと待ってください。こちらが接客を受けるとき、一方的に商品の話ばかりされると、嫌になってきませんか？

実は、商品知識だけでお客さまを説得しようとすると、売り込みになってしまうんです。また、お客さまより優位に立ちたいという気持ちが透けてしまい、これも遠ざけられる原因になります。

もちろん、商品知識はプロとして持っていて当たり前です。しかし、それを接客の場でひけらかしてしまうと、お客さまの冷めた温度感に気づかず、せっかくの機会を

棒に振ってしまいます。

そうならないように大切なポイントは、2つ。

1つは、**お客さまが得られるベネフィットを先に示すこと**。

もう1つは、**知識をお客さまがわかるレベルに合わせて言い換えること**です。

しかし、それだけでは専門知識がないお客さまにはどういう効果があるのかイメージしてもらえません。

私がサロンを経営していたとき、すごく結果の出る素晴らしい商品がありました。

なので、「塗るだけでめちゃくちゃくびれが出る、そんなオイルにご興味ないですか？」というご提案をしていました。

このようにベネフィットをつけて質問をすると、お客さまは「え、なんですか？」と前のめりになります。そうなればもうほとんど決まったようなもので、そこから商品知識をわかりやすく説明すればいいだけ。

最初から「〇〇化粧品という△△の成分を含んだものがあって……」と専門的な知識を話しても、お客さまは何も聞いていません。

その商品でどんな未来が得られるのかにお客さまは興味があるので、そこにフォーカスした接客をすることが大切です。

こうしたベネフィットをしっかりお伝えするためには、事前の準備が必要。「この商品・サービスにはこういう特徴がある……で、どうなるの？」「で、どうなるの？」と、とことん突き詰めていくと、ベネフィットが生まれます。

これも2人でやると効果的。まず片方が「こういう商品を扱っています」と軽い説明をします。それを相手が、「で、結局それってどうなるの？」と質問を返します。

そうやって、お客さまのベネフィットを突き詰めていきます。

つまり、「このサプリを飲むとビタミンCが摂取できます」→「ビタミンCが摂取できると結局どうなるの？」→「ビタミンCが摂取できると美肌になります」→「美肌になるとどうなるの？」→「美肌になると、自撮りを自信たっぷりにできたり、マスクを外して外出できたりします」と、繰り返すのです。

ベネフィットを示すときに積極的に取り入れたいのが、〝常識破壊〟。

例えば、美意識の高い方はフェイシャルのセルフケアにも余念がありませんが、実はやりすぎだったりすることも多々あります。

なので、「栄養を与えすぎていると、実は肌によくないんです」と伝えると、そのギャップにお客さまも敏感に反応します。

そこから、「今のお肌は、洗剤を十分に吸っているスポンジに、さらに洗剤を入れている状態です。このフェイシャルメニューでデトックスをすると、それがリセットされます。まっさらなスポンジのように、どんどん栄養を吸収し、ツヤツヤ肌になれますが、興味はありますか?」とつなげると、お客さまの心にとても響くのです。

常識破壊ができない商品・サービスもあるので、そういう場合はお客さまの未来と現状のギャップを示すように話を進めるといいでしょう。

まずはお客さまの求めるベネフィットを示す。そこから、わかりやすい言葉で説明する。この2点を意識するだけで、グッとお客さまの興味を引く接客になります。

POINT

商品の情報より、その商品がお客さまの未来をどう変えるかを伝える

2

沈黙を過剰に恐れるから、自分が話しすぎてしまう

よく、尋ねてもないのに自分の話ばかりしてしまう営業マンっていますよね。聞かされているこっちがうんざりして、これでよく営業になるなぁと思った経験は誰でも少なからずあるのではないでしょうか。

一方で、いざ自分が接客側になると、意外と同じように自分ばかり喋っているのに気づいたりします。

この原因の1つは、**お客さまとの間に流れる沈黙を恐れていること**。

沈黙はよくない、と考えていると、それを避けるためについこちらばかり話してしまいがちになります。

しかし、**実は沈黙って、むしろ大切なもの**なんです。

接客側が思っているほど、お客さまは沈黙を嫌がってはいません。むしろ、**ある程度沈黙の場がないと、集中して商品やサービスのこと、そしてそれを買って自分がどうなるかということを、考えることができない**のです。

だからこそ、お客さまの息づかいや話すテンポをよく観察し、ペーシングする（話す速さ、声の大きさ、テンションを相手に合わせる）ことが大切。これも訓練が必要なので、ロープレが有効です。

そのロープレの様子を傍から見ていると、沈黙が多くてちょっと心配になります。しかし、実際にやっている側は全然そんなふうに思っていません。ロープレをやった人に話を聞くと、沈黙の必要を感じる、という答えが返ってきます。

もちろん、お客さまの沈黙があまりにも長い場合は、確認を取ることが大切です。「何か気になることがありましたか」「今、どんなことが気になられてますか」と質問して確認するようにしましょう。

こちらが話しすぎているとき、たいていお客さまは遠い目をしています。もしくは、表情が曇っていたり、聞き流しているな、と感じられることもあるでしょう。

そういうサインを見つけたときは、「すみません、喋りすぎちゃいましたね」と一言添えてヒアリングに戻れば大丈夫。

とはいえ、やっぱり気を遣いがちなので、お客さまも「遮ったら申し訳ないな」「楽しそうな顔をしなきゃいけないな」とこちらに合わせているときもあります。

サインがわかりづらいケースも多々あるので、日頃からお客さまのしぐさや表情を注意深く見るクセをつけることが、とても重要です。

話しすぎに陥らないようにするためには、**1つ話したら区切りの質問を入れて、小さなYESをもらっておく、というテクニックが有効**です。

「ここまで何か質問はありますか?」「お客さまの意図しないお話をしていたら、仰ってくださいね」というように**こまめにYESをもらっておくことが、クロージングで大きなYESをもらうことにつながります。**

また、自分の接客を録音しておいて振り返るのも、自分を客観的に見るのに効果的。

特に動画にしておいたものを見ると、「私ってこんなに接客のとき喋ってたんだ」と皆さん驚かれます。

お客さまが求めているのは、話し上手よりも聞き上手。

あからさまに「近寄らないでくれ」という態度をとっている方は別ですが、お客さまは接客のとき、自身の話に耳を傾けてほしいと願っています。

だからこそ、まずはしっかりお声がけをして、お客さまの話をしっかり深掘り質問で引き出していきましょう。

それでもつい話しすぎてしまったときは、冷静に立ち止まって、お客さまがどう感じられているのかをきちんと確認してから、ヒアリングに戻ればいいのです。

このような確認をちょこちょこ積み重ねていくように心がけるだけで、接客はグッと良くなりますよ。

POINT

沈黙を恐れすぎない。話し上手より、話を聞いてくれる人が求められている

3

お客さまより優位に立たなくていい、無理に教育しなくていい

接客していると、自分よりもお客さまのほうが商品やサービスについて詳しいケースもあります。車などの特定な分野はマニアックな方も多いので、お客さまがそうだとちょっとドキッとしますよね。

そんな場合、つい対抗したり、プロ意識が出てマウントを取るような態度になったりしてしまうかもしれません。だけど、そういうときほど深呼吸。こちらがいくら商品知識を浴びせたところで、お客さまの心は動きません。

逆に、**それほど詳しいお客さまのことを認めてしまいましょう。**

「お客さま、よくご存じですね！　私よりもはるかに知識がおありで、すごいです」

「お客さまに新しい知識などはお伝えできないかもしれないですが、何かしらお役に立てるかもしれないので、このまま進めてもいいですか？」

知識で負けている、などと卑屈にならなくて大丈夫。すごいなぁ、と丸ごと受け止めれば、お客さまも気分よく応じてくれて、接客もスムーズになります。

また、**お客さまのためと気が急いて、つい教育しようとしてしまうこともあります。**

例えば、ダイエットサロンに通っているお客さまがどうしてもビールや油ものを止められないとき、「そんなんじゃ痩せませんよ」と言ってしまいたくなりますよね。

気持ちはとてもわかります。ただ、こういう場合、お客さま自身もいけないことをしている自覚はあるのです。そこで痛いところだけを指摘すると、お客さまはかえってかたくなになり、信頼関係が損なわれてしまいます。

まずは深掘り質問で、お客さまの事情を受け止めるところから始めましょう。

先ほどの例なら、ビールを飲んでしまうということをいったん受け止めて、どういうときに飲みたくなるのか、その原因は何なのか……質問で事実をひとつずつ確認していくのです。

すると、お客さまの中にも「やっぱりビールを飲み続けるのはいけないよな」という自覚が芽生えていきます。

このように、お客さまのヒアリングをして、どういう状況かを理解するのが先決です。その上で、「理想の未来を叶えるために少しずつ変えていきましょうね」と順番に進めていきましょう。

お客さまの教育自体は、悩みを解決して欲しい未来を手に入れてもらうために必要なことです。プロである以上、こちらはどうすればそれが解決できるのかの答えも持っています。

ただ、それをいきなり言っても、お客さまにはピンと来ないのです。

だから、お客さまに考えてもらうよう質問を投げかけてみましょう。

ダイエットの例を続けますが、まずお客さま自身になぜ痩せられないのか考えてもらいます。そしてお客さまが、運動不足や食べすぎと答えたとしましょう。

そこで、「でも、運動不足や食べすぎでも痩せてる人っていますよね。違いは何だと思います?」とワンクッション置きます。

それから、「実は、骨盤のゆがみを整えると、食べてもそんなに太らない身体になっていくんですよ」と自分の商品やサービスにつなげると、お客さまは一気に興味が出て、知りたがるようになるのです。

一般的な勘違いを、こんなふうに質問を交えながら崩していくと、非常に効果があります。「年齢を重ねると痩せにくいとか思っていませんか？　実際は関係ないんですよ」というふうに、こちらから仕向けていくのもアリです。

常識とのギャップが大きい分だけ、お客さまは真剣に購入したくなります。

しかし、**こうした教育も最終的にはすべて、お客さまのために行うというマインドが大切**です。自分が優位に立ちたい、という感情がにじむと、お客さまに伝わり、うんざりとされます。

そうならないように私が大切にしているのは、必ずお客さまのYESを取る、ということ。どんなにいい教訓やいい話でも、お客さまの許可なくされた場合、どうしても押しつけがましくなってしまいます。

接客もセールスも、すべてお客さまのため。そう思えると、ブレなくなりますよ。

POINT

お客さまの上位に立とうとしない。お客さまをそのまま受け止める

お客さまが怖い雰囲気でも、興味があるから来てくれている

来店されたお客さまが、不機嫌そうだったり、いかめしい表情をされていたり、話しかけるのが怖い雰囲気を出していることもありますよね。

そういう場合でも問題のないメンタルの持ち主もいますが、この本を読まれている方の多くは、声をかけられず困ってしまった経験があるんじゃないでしょうか。

私も、怖い雰囲気のお客さまは、得意か苦手かで言えば苦手でした。

しかし、あることに気づいてから、怖い雰囲気のお客さまにも自分から声をかけて行けるようになったのです。

それは、**「わざわざ来店してくれたんだから、このお客さまはうちの店に興味があるんだ」**ということ。そこにフォーカスするようになってから、だいぶプレッシャーがなくなりました。

接客で一番避けたいのは、せっかく来てくれたお客さまに声をかけられずに取りこぼすこと。それは怖い雰囲気のお客さまも同様です。

興味を持って来店してくれたのだから、声をかける。もし、さほど興味がない、本気でないお客さまなら、そこで立ち去ります。それが早くわかった分だけ別のお客さまへの接客に移れるので、有効に時間が使えます。

また、**怖い雰囲気だからお客さまは声をかけられたくないんじゃないか、というのも、案外こちらの思い過ごしだったりするもの。**

例えば、サロンに来店された予約のお客さまが、不機嫌な態度だったとします。しかし、予約してまで来てくれたのに、と考えるとちょっと不思議ですよね。

そんなときは、思い切って尋ねてみましょう。

「私、お客さまが今すごく具合が悪いようにお見受けしたんですが、実際いかがですか」と自分が感じたお客さまの状況をそのまま伝えると、効果的です。

実はさっき嫌なことがあって……というふうにお客さまが本音を打ち明けてくださったら、「お話を聞くことで解消されるなら、お聞きしますよ」と返しましょう。

お客さまの不機嫌の理由がよそにあるとわかれば安心して接客できますし、質問を交えながらお話に耳を傾けることで信頼関係も形成されていきます。

言い方さえまちがえなければ、**つっこんで聞くのも非常に効果があります。**この時も、私を主語とした、アイメッセージを心がけましょう。

「お客さま、今ちょっと私が感じたことを言ってもいいですか。実は、お客さまが私の質問に対して、迷ったり……正直に言うと怖い顔されているなって思ったんですが、何か失礼なことをしてしまっていましたか」

こう尋ねると、たいていお客さまも「そんなことないですよ」と仰るので、「そうなんですね、わかりました。じゃあ、もし私がお客さまに対して嫌な態度をとってしまっていたときは、遠慮なく仰ってくださいね」というふうに返します。

これはサロン以外でも、オンラインでのやり取りや、店舗でも使えます。

傍から見るとすごく不愛想でも、本人にはそんなつもりがないというお客さまは一定数います。その方たちを避けてばかりでは、売り上げも伸びていきづらいでしょう。だからこそ、**お客さまが興味を持って来てくれたことにだけ焦点を当て、こちら**

も興味を持って接客していく姿勢が大切です。

もちろん、中には話しかけられるのが苦手なお客さまもいます。そういうときには、「何かお役に立てることがあれば、いつでも仰ってくださいね」と一声かけるだけでも大丈夫。お客さまからＹＥＳをもらっておくことが大事です。

反対に、接客中にお客さまから怖がられてしまう……というお悩みもあります。特に目力が強いタイプの人から聞くことが多いです。

私のサロン経営講座の受講生さんが、まさにそう悩んでいました。とても美しい方なのですが、怖い印象を与えてしまうのですね。

この方には、**お客さまの目を見るのではなく、鼻や口に焦点を当てる**ように伝えたところ、お客さまに本音で話してもらえるようになりました。

お客さまも接客側も、〝怖い〟と思われるのは嫌なもの。でも、ちょっとした工夫や心の持ち方で乗り越えられます。ぜひ試してみてください。

POINT

店に来てくれたのは興味のしるし。不機嫌そうなお客さまでも声をかけてみる

イケイケのカリスマ販売員に、憧れないでよくなる考え方

何のテクニックもなくても売れちゃう人、というのはやはり一定数います。

昔で言えばカリスマ販売員、今ならＳＮＳのインフルエンサー。〝売れる〟人、というと、こういうタイプがパッと思い浮かびますよね。そして、自分はとてもああはなれない……と諦めている方も多いのではないでしょうか。

ご安心ください。**カリスマ的な売り方ができなくてもどんどん売れるようになるのが、引き出し接客の強み。**

再現性のある手法なので、どんな方でも売れるようになります。

そのメカニズムを知って頂くために、まずは「なぜカリスマ的な人は売れるのか」というところからお話しします。

カリスマ的な人から買うお客さまは、大きく2つに分けられます。

1つは、**「この人から何か言われたい！」というタイプ**。四柱推命で一世を風靡した細木数子さんは、毒舌でしたが大人気。むしろ細木さんに怒られたい！　とまで思うような、根強いファンに支持されていました。

もう1つは、**「この人みたいになりたい！」というタイプ**。昔、エゴイストというブランドが流行って、カリスマ販売員も多数いました。彼女たちのセールスはかなりのゴリ押しですが、それでも憧れるファンたちは喜んで買いました。

このように、カリスマ的な人のセールスは、まずその人のブランディングが確立されています。何かを発信すれば、それだけでファンが買いたくなるような下地ができあがっているのです。

しかし、カリスマ販売員やインフルエンサーは個人の資質によって成り立っている部分が多いので、再現性に乏しくなります。

逆に言えば、できる人は狙わなくてもできているのです。これをマネしようとするのは、かなり無理がある話ですよね。

こういう人たちは目立ちますが、すべてではありません。そして**お客さまも、カリ**

スマ的な人から買いたい、というタイプばかりではないのです。

誰かに何かを言われたから、ではなく、自分でいろんな情報を集めて、自分で決めたい、というお客さまも数多くいます。そんな方たちも、中には最後まで1人で決めてしまう人もいますが、やはり専門家の意見を聞きたく思うものです。

そんなときこそ、引き出し接客の出番。

質問でニーズを丁寧に深掘りしていくこの接客法は、お客さまの意思を尊重し、寄り添うもの。だからこそ自分で決めたい方にはもちろんのこと、普段はカリスマ的な人から買っているタイプのお客さまにも響きます。練習と実践を繰り返していくうちに身につきますから、誰にでも再現できます。

あなたの商品やサービスを待っているお客さまは、必ずいるのです。その方たちに届けていけるよう、どんどん質問で深掘りヒアリングしていきましょう。

POINT

カリスマ販売員のスタイルには再現性がない。ほとんどの人は同じことはできない

6

テクニック頼みのセールスは失敗に終わりがち

接客中にお客さまと信頼関係を築くのに便利なのが、様々なテクニック。

バックトラッキング（オウム返し）やペーシング（言葉やテンションを相手に合わせる）などを効果的に使えれば、グッとお客さまとの距離が縮まります。

一方で、これらのテクニックを使い慣れていなかったり、あるいは全面に押し出したりして接客すると逆効果。お客さまに不信感を抱かれてしまいます。

特に、**やりすぎてしまうと危ないのが、ミラーリング**。

これは、お客さまのしぐさや動きなどをそのままマネる、というもので、上手く用いれば非常に有効なテクニックです。例えば、相手が飲み物を飲んだら自分も飲む、相手が足を組んだら自分も組む、という感じです。

効果的な例としては、お客さまと一緒に飲食店に入ったときに、先に注文してもらいます。そこでクライアントが選んだメニューを「じゃあ私も」と頼むと、「あ、この人同じもの頼んでくれた」とクライアントが打ち解けてくれるのです。

ただしこれは、わざとらしくならないように程度を考えて行わなければいけません。下手をすると、バカにされている、という誤解さえ与えかねません。

バックトラッキングやペーシング、その他のテクニックも、同じ危険性を持っています。では、どうすればわざとらしくならずにテクニックを利用できるんでしょうか。

まず、**テクニックありきの姿勢に陥らないことが第一**です。

接客で一番大切なのは、何よりお客さまの話を全力で聞くこと。

それを忘れてテクニックだけに頼ると、そちらに注意が向いてしまい、お客さまの話が耳に入らなくなります。これでは本末転倒ですし、お客さまにマニュアル通りの接客、といった印象を与えてしまいます。

テクニックはあくまで、お客さまの気持ちを引き出すツール。これをしっかり押さえておいていただきたいのです。

その上で、**それぞれのテクニックをきちんと事前に練習しておく必要があります。**

言い慣れない言葉はとっさに口から出てこないので、本番の接客前にロープレで慣らしておきましょう。

練習する上で試してみてほしいのが、テクニック自体に向ける意識は2割程度にしておく、ということ。

バックトラッキングを練習しよう！　とメインに据えるのではなく、お客さまの話を聞く練習をする中で頭の片隅にバックトラッキングを置いておく、というイメージです。すると、自然と上手くいきます。

また、接客中に自然にテクニックが出るようになるには、ロープレ以外のとき……**普段の日常生活の中でも、2割の意識を持っておくことが重要**です。

ロープレや日常生活でもテクニックを練習すれば、だんだんと借り物の言葉感が薄れていきます。そうしてテクニックが定着すると、接客中もそれに頼らず、お客さまと向き合って対話し、質問で深掘りしていけるようになります。

お客さまは何のためにここに来ているのか、どんな悩みがあって何を解決したいのか……純粋に興味が湧いてきて、そのために質問できるようになるのです。

テクニックありきで質問を重ねると、尋問のようになりがち。お客さまの答えてくれた言葉に対してただ書き留めるだけで、「つぎ、つぎ」と警察の取り調べのようになってしまうのです。そんな人からは、正直言って買いたいという気持ちは起こりづらいですよね。

学んだテクニックを使ってみたいのは自然なことです。だからこそ、接客の中ですべて出し切りたいのもわかります。

ですが、10個中の2～3個を使ってみればいい……そんなふうに肩の力を抜いて使ったほうが、テクニックの真価も発揮されやすいように思います。

あくまで、大事なのはお客さまの話を聞くこと。そのためにテクニックがあると覚えておいて頂ければ幸いです。

POINT

お客さまへの関心がないテクニックは、かえって逆効果になる

7

クーポンのお客さまも、値段だけではない

実店舗を経営されている方は、ネットのクーポンサイトとは切っても切れない関係にあると思います。

食べログやホットペッパーなどのサイトはいわゆるSEO対策が抜群で、集客という意味では最強ツール。私のサロン経営講座の受講生さんも、半数以上は利用されています。

一見いいように聞こえますが、デメリットもあります。安くしないとお客さまが来ない、という空気があって、どんどん安い方へ流れていくお客さまが多い傾向にあるのです。そのため、皆さんリピート率に苦労されています。

クーポンサイトに頼り切ってしまうと、リピートが取れず客単価も安いままで、どんどん疲弊していってしまう……私にも、その経験があります。

その状況を打開してくれたのが、引き出し接客です。

例えば、１００人接客してそれまでは20人しかクロージングできなかった方が、ヒアリングで質問するだけで30人成約できるようになる……この10人がプラスされるだけでどれほど売り上げにインパクトがあるか、おわかりになると思います。

クーポンサイトで苦戦される方は、自分の技術や人柄が悪いんだと自信を失くしたり、あるいはクーポンサイトで来るお客さまの質が悪い、と責任転嫁したくなったりすることもあるでしょう。

それでもどうにかしたくて価格をさらに引き下げて、悪循環が続いてしまう……そんな方に試してほしいのが、引き出し接客。

お客さまに質問できるようになれば、問題が自分やお客さまにあるのではないと気づき、次回予約にもつながっていきます。

また、クーポンサイトから来たお客さまだからといって、必ずしも安さだけを求めているわけではありません。

私が尊敬しているあるエステティシャンの方が、こんな話をしていました。

その方は、**お客さまがどの流入経路から来たのかあえて聞かずに接客する**のだそうです。

安さ重視のキャンペーンで来たお客さまと、そうでないお客さま。流入経路がわかった段階で、そんなつもりはなくても接客側は無意識に選別してしまいます。キャンペーンで来たから、金払いの悪い客だ……そんなふうに思って接客するのは絶対嫌だから、とその方は仰っていました。

その方は、大手サロンでもトップクラスの接客をされているエステティシャンでしたが、それも納得のエピソードでした。お客さまを差別しないという徹底したマインドセットは、ただただすごいの一言です。

クーポンサイト、あるいは地域振興券などで来られたお客さまへの苦手意識は、最初はどうしても拭えないかもしれません。

こうしたご時世なので、「口コミで変なことを書かれたらどうしよう」と、質問するのが怖い気持ちもあるでしょう。

それでも、すべてのお客さまがそうだとは限りません。クーポンを使って来店したお客さまも、それがたまたまだったり、もしくはクーポンサイトしか予約の窓口を知らなかったり、ということもあるのです。

最初から変に枠にはめ込むと、それだけ失敗率は高まります。

どこから予約されたお客さまであろうと関係なく、フラットに質問で深掘りをしていく。そうすれば、お客さまへの苦手意識も自然と晴れて、売り上げも伸びていきます。

最初の1年や2年はクーポンサイトの力を使い、あとは引き出し接客の力でリピート率や客単価を上げていけば、だんだんとクーポンに頼らない経営になっていきます。

今、クーポンサイトでしか集客できず疲弊している方も、諦めないでください。引き出し接客をマスターして、そのストレスをどんどん手放していきましょう。

POINT

クーポンのお客さまにも先入観を持たず、引き出し接客する

イメージは後出しじゃんけん、聞いて引き出す接客を

今はセールスを教える側にいるものの、私自身はごく一般的な女性でした。百貨店で勤めていたときも、カリスマ販売員のようにトークでバリバリ売る……ということはなく、話すのが上手でもなければ、売り込むことも上手じゃない。普通の人間だ、と自覚していました。

しかし、自分でビジネスをするようになり、「セールスに必要なのは話すことじゃない！」と知り、衝撃を受けました。

数年前、セールス講座に通っていたとき、一緒に受けていた生徒さんがこう言ったのが今でも印象に残っています。

「私たち、結局お客さまが質問されたことに答えるだけでいいんだね」

ロープレを30回やったあとに出した彼女の答えは、まさしく真実でした。

ヒアリングでしっかり質問して悩みを聞いたあと、「お客さまの悩みを解決できるような商品を持っているんですけど、これについて何か質問はありますか？」と尋ねる……セールスは究極、これに尽きるのです。


セールスは後出しじゃんけんでいい、と私はよくお伝えしています。

まずは、引き出し接客でお客さまのことを深く知ることから始めます。

悩みやなりたい未来をまず知って、どういう価値観をお持ちなのか、どういうことをされたら嫌なのかをしっかりつかみましょう。

その上で、自分の提供する商品・サービスがお客さまに合っていれば、その部分だけお話しする――このように後出しじゃんけんをすると、自然とお客さまは聞く耳を持ってくれます。


それでも、やはり商品やサービスについて、あれもこれも話したくなってしまうのが人間のサガですよね。自分がよく勉強しているものであれば、なおさらです。

しかし、ちょっと想像してみてください。

例えば、ダイエットしたいお客さまに「この水は頭にもいいし、腸内環境を整えるのにも効くんですよ」と言ったところで、響きませんよね。逆に、「こっちはダイエットしたいって言ってるんだけど……」と呆れられそうです。

だから、お客さまのニーズに応じてお話しすることが大切です。

「ダイエットしたいなら、こちらの商品が最適です。こういう成分があってダイエットに効きますし、その他にもメリットがあるんですよ」と、まずお客さまの知りたいことを伝えてから、こちらの言いたいことも付け加えるといいでしょう。

このように、後出しじゃんけんのように引き出し接客をしていくと、セールスがどうこう、というところを超えた現象が起こります。

それは、**自分自身のセルフイメージが大きく向上すること。**

私のサロン経営講座の受講生さんたちも、皆さん売り込みがすごく苦手でした。しかし、引き出し接客を学んで実践しただけで、どんどん結果を出していっています。

中には、受講して間もないときに試しに深掘り質問して、その場で予約がとれた受講生さんも。その方は、それですごく自信をつけられました。

売れないのは、自分の人柄や技術に問題があるんじゃないか——今までそう思って肩を落としていた方々が、単純に質問をすればいいとわかって成果を出していくと、見違えるように自信をつけていきます。

商品・サービスに対する自信と、接客に対する自信。これをやり続けるとますます上手になっていくので、ビジネスがさらに楽しくなっていくのです。

接客をされる方はもともと人と接するのが好きな方が多いですから、**自信がつくとお客さまへの恐れや不安がなくなり、ぐんぐん売り上げが上がっていきます。**

もちろん、人と接するのがあまり好きではないけれどもセールスをしなければならない、という状況の方もいるでしょう。

そういうときは、「お客さまについて知らなければ適切な商品提案ができない、だから情報収集のために質問しよう」と考えてみてください。

それだけで、抵抗感が薄くなって引き出し接客ができるようになっていきます。

POINT

販売は後出しじゃんけんで良い。お客さまを知った上で商品提案をする

第5章

長くお客さまに通い続けて頂くためには？

1

何もしないと、お客さまは3日でお店を忘れる

私が百貨店で勤めていたとき、研修でよく言われていたことがあります。

それは**「お客さまは3日で忘れる」**ということ。

例えば、髪を切ってもらったり、新しい洋服を買ったりすると、その瞬間はとても嬉しくて華やいだ気持ちになりますよね。でも、そのときの気持ちって、お店を出ると50%は忘れてしまうものなんです。

さらに、家に帰ったときにはもう7割以上忘れていて、翌日には1割も覚えていない場合がほとんど。かく言う私も、子育てや仕事などで日常生活が忙しくなると、せっかく買った服のことも忘れてタンスに入れっぱなし、ということがよくあります。

何かを買ったときの感動体験って、それくらい持続しないものなんです。

買ったときの感動を忘れると、そのお店のことも忘れてしまいます。

すると、お客さまが次に買い物をするときの選択肢から外れて、他のお店に目移りされる、最悪流れて行ってしまう、というケースすら考えられます。

だからこそ、**お客さまから忘れられないようなアクションは必要不可欠**です。

今であれば、ＬＩＮＥでメッセージを送るなど、ちょっとしたことでいいんです。

また、お財布に入れてもらえるようなサイズの紹介カードも、よくオススメしています。お財布を開くたびに目に入るので、思い出してもらいやすくなります。ともかく、**お店のことが常にお客さまの視界に入ることが重要**です。

今の時代では、ＬＩＮＥなどデジタルな方法は取り入れやすいですし、バラエティも豊富。ただし、デジタルツールは便利な反面、例えばＬＩＮＥならブロックや通知オフも簡単なので、そこから広がらなくなる恐れもあります。

だからあえて、名刺やショップカード、チラシといった、紙ツールを使うというのも効果的な戦略です。

サロンが昔配ったチラシを大切に持っていて、１年後に来店する、というお客さまも結構いらっしゃいます。紙を使うのも悪くはありません。

特に、手紙の威力は絶大なもの。

私も以前、高級ブランドで買い物したときに手紙が届いて、そのときのことはずっと記憶に残っています。

Ｇｏｏｇｌｅで出していた広告を止めたとき、「また広告を出しませんか」という内容の紙のＤＭをもらったこともあります。ＩＴの最大手でもこうして地道に手紙を出しているということは、それだけ効果があるということです。

もちろん、お客さまによっては送られるのが嫌な場合もあるので、きちんと確認を取ってからにしましょう。

デジタルと紙――それぞれに利点があるので、場面に応じて使い分けていくのが大切です。

ＬＩＮＥなどのデジタルなメッセージはすぐ送ることができるので、ここ2・3か月来ていないお客さまに。手紙はしっかり気持ちが伝えられるので、もう1年ほど来ていないお客さまに。

まだお付き合いの浅いお客さまには、手紙だと重そうだからＬＩＮＥで……と、仕分けておくと、サッと送ることができます。

忘れられないようにするためのアクションは、同時に休眠客の掘り起こしにもつながります。

最近、サロン経営講座の受講生さんが話していたのは、休眠客10人にＬＩＮＥを送ったら５人来てくれた、というもの。チラシを１０００枚まいても１人集客できるか、というときに、これだけ戻ってきてもらえるなら、効率は段違いですよね。

あまりにも長く来ていないお客さまには、手紙を送り、そのあと届いたかどうかをＬＩＮＥで聞く、という２ステップを踏むと、より確実なアクションになります。

そこでブロックされたりしたら、そのお客さまはそれ以上興味がないということ。それは仕方がないので、また新しいお客さまと出会うために切り替えていきましょう。

POINT

お客さまはお店や商品をすぐに忘れる。思い出してもらう努力を続ける

2

いつも来店してくれるVIPを大事にできていますか？

全体の2割のVIPなお客さまが8割の売り上げを作っている、という法則があります。

これはサロンや物販など、形態や業種にかかわらずすべてのビジネスにおいて共通しています。なので、**2割のVIPを大切にすることが売り上げを伸ばしていく上で重要な戦略**になります。

しかし、現状は逆のパターン……つまり、8割の一般客のほうばかりに気を取られて2割のVIPへの対応をおろそかにし、お客さまも売り上げも離れていく、というケースが多く見受けられます。

お客さまへの平等意識から、誰にでも全力投球する。それは一見素晴らしいようですが、いつも来店してくれるVIPについ甘えてないがしろにしてしまう、という危険性をはらんでいるのです。

例えば、サロンでありがちなのは、**ＶＩＰのお客さまと友達のような関係だと思い込んでしまうこと。**

いつも来てくれる、店のことをわかってくれている――そんなふうに信じきって、つい施術中なのに予約の電話を取ってしまったりする。すると、お客さまは表面には出さないかもしれませんが、「大切にされていないな」と感じます。

こちらがどんなにツーカーだと思っても、お客さまはやはり自分のことはお客さま扱いしてほしいもの。こうした目に見えない不満が募ると、お客さまの心は離れ、やがてリピートもなくなってしまいます。

また、お客さまを友達だと思い込んだときにやってしまうのが、深掘りヒアリングをしないで施術やプレゼンを始めてしまうこと。

よく、引き出し接客は新規の方のためのものですよね、と聞かれますが、実は既存のお客さまにこそしなくてはならないのです。

お客さまの悩みは、毎回違うかもしれません。前回の来店から状況が変わったり、商品やサービスを買ったことで、現状がよくなったり、あるいは悪化したりしたかもしれません。

何より、お客さまが切実に期待していることも、前回と同じだとは限らないのです。そうしたことを深掘りヒアリングしないままだと、通りいっぺんの接客になってしまいます。せっかくリピートしてくれたＶＩＰなのに、それでは失礼ですよね。

ＶＩＰに末永くご愛顧頂くためには、しっかり気を配る必要があります。

それには、ＶＩＰだけを招いたランチ会や、季節に応じてクリスマス会などのイベントを催すのも効果的。「あ、私、ＶＩＰなんだ！」ともてなされた感じを味わってもらえます。

また、私がサプリメント販売をしていたときは、定期購入してくれるＶＩＰには割引クーポンや、ちょっとしたサンプルを提供していました。

半年以上の定期購入でプレゼントがあります、というのははっきり伝えましょう。続けるといいことがある、と知ってもらえばもらうだけ、お客さまにも興味を持ってもらえます。

もちろん、新規で来る人も大切ですし、たまに来るお客さま、休眠客の掘り起こし、といったアクションも必要です。しかし、そちらにかまけてＶＩＰのお客さまを失ってしまっては元も子もありません。なので、割り切った対応を心がけましょう。**まずは、2割のVIPを手厚く扱う。残ったエネルギーで、残り8割のお客さまにもアプローチする。**そちらは、数か月に1回サロン通信のようなお知らせをお送りする、という程度でも大丈夫です。

大切なのは、優先順位。集客に追われているとつい忘れがちですが、そういうときほど基本の法則に立ち返り、２割のＶＩＰに注力してください。そのほうが、結果的に紹介が増えたり、売り上げが伸びたりしていきます。

集客は大変なので、いかに継続してもらえるかがカギ。そのためにも、１人のＶＩＰにどれだけ長く通ってもらえる仕組みを作っていけるかが、経営の上で重要です。

POINT

2割のお客さまが8割の売り上げを作る。VIPのお客さまをしっかり優先する

3

集客にも使える、ＶＩＰのコミュニティの作り方

売り上げを伸ばしていくには、全体の２割にあたるＶＩＰのお客さまをしっかり優遇することが欠かせません。

その方法の１つとして、**ＶＩＰのお客さまだけのコミュニティを用意することが効果的**です。ランチ会や、クリスマス会などのイベントを定期的に開催するのです。

イベントをやるなら、ＶＩＰとそれ以外で分けずに全員参加にすればいいじゃないかとお考えになるかもしれません。しかしＶＩＰとそれ以外では客層が違うので、一緒くたにすると危険です。

それに、ＶＩＰの方だけ招待する、というのは、お店としてその方たちを本当に丁重に扱っている、というメッセージになります。そうした意味でも、ＶＩＰはＶＩＰだけで集めたほうがいいのです。

お店から見ると、お客さまを差別しているような気がして居心地が悪いかもしれません。しかし、招待された方には、認められたという嬉しさもあります。

また、招待されなかった方にも「このサロン、通い続けたらそういう扱いをしてくれるんだ。それじゃあ頑張ろうかな」とモチベーションを高めてもらえる可能性もあるのです。

こうしてＶＩＰ専用のコミュニティを作ると、嬉しい効果が表れます。

ＶＩＰのお客さまどうしで横の関わりができて、お店への好感を自然と持ってくれるようになるのです。

このメニュー受けましたか、このサービスはどうでしたか、という情報交換がお客さまの間で起こり、「やっぱりこのお店、いいよね」「こういう素敵な人が来るお店なんだから、自分も通い続けよう」という雰囲気が生まれます。

一方的になりがちなお店からのオススメではなく、お客さまどうしのやり取りを通して良さを再認識してくれるという、願ったり叶ったりの状況になるのです。

では、どうやったらそんなコミュニティが作れるのでしょうか。

まずは、**来てくれたお客さまに楽しんで頂ける企画を立てることが重要**です。

例えば、ランチ会に来た方だけの特別な回数券やクーポンを用意したり、抽選で当たるようにする、というのもいいでしょう。

プラチナコース10万円相当が、ＶＩＰの方だけ特別に5万円で買えます、というふうに、そこだけで手に入れられる商品を準備しておくのです。

また、プレゼントをお渡しするのも有効な手段ですね。

会費は無料の場合も、会費を取ってやる場合もあります。

会費を取る場合は抽選などのお楽しみ要素がついているので、食事代のご負担だけよろしくお願いします、程度で大丈夫。ランチ会の会費２０００円で、２０００円分のクーポンを渡すようなイメージですね。

イベントにかかる経費は、お店の規模感や売り上げから逆算して設計しましょう。お客さまを喜ばせたいがために身を削りすぎて、常に赤字になってしまっては、本末転倒です。

私のサロン経営講座の受講生さんも、コロナ禍のときにオンラインでクリスマス会を開いたら、とても盛り上がったそうです。ＶＩＰのためのコミュニティとはいえ、豪華な会場ですればいいとは限らないのです。

こうしたＶＩＰのコミュニティイベントをやるのは、もちろんお客さまのためでもありますが、もうひとつ大事な理由があります。

それは、**ＶＩＰのお客さまからの紹介を獲得するための場を設ける**、ということ。

「実は今この機会だけ、ご紹介キャンペーンをやっています。よければ、皆さんのお力をお貸し頂けませんか？　紹介して頂いたあかつきには、こうしたプレゼントもあります。お１人でも本当に嬉しいので、ぜひご紹介ください」

こんなふうに、こちらからのセールスの場にもできるのです。

全体の売り上げの８割を作ってくれるＶＩＰを大切にしつつ、新たなセールスのチャンスも生み出せるコミュニティ。ぜひ取り入れてみてください。

POINT

お客さまどうしのつながりを作ると、もっとお店を好きになってくれる

お客さまからの紹介がどんどん生まれる仕組みとは

お店に来て商品やサービスの良さを体感してくれたお客さまが、身近な人を紹介してくれたらいいのにな、と感じることは多々ありますよね。
しかし、「身の回りの方をぜひご紹介ください」と言っても、だいたい紹介はもらえません。

本当に紹介をもらおうと思ったら、そのための作戦が必要です。

まずは、**期間限定で行うこと。**
人間はどうしても限定性に弱いもの。いつもやっているキャンペーンには心が動かないのです。なので、「この期間だけ、紹介してくれたらこんなプレゼントがありますよ」と打ち出すと、グッと効果が高まります。

そして、**紹介の仕方までをお客さまにお伝えしておくことも大切**です。

単純に、「あのサロン行ったらよかったから、どう？」と言うだけでは、行ってみたいという切実なニーズにはつながりません。なので、お客さまが紹介するときの台本までこちらで用意しておくと親切です。

「このサロンはこういう悩みの人に特化していて、こういう実績があります。私はこういう結果が出たので、よかったらあなたもどうですか？」というふうに、紹介先にアピールしてほしい事柄を具体的にお伝えしておきましょう。

もしくは、紹介カードを用意して、それを書いておくというのも有効です。どういうサロンかの概要をネットに上げておいて、詳しくはＱＲコードで飛んで確認してもらうような仕掛けを作っておきましょう。

このような仕組み作りを同様に行ったとして、それでも紹介が起こりやすい分野と、起こりにくい分野はあります。

整体やエステ、リラクゼーションは、比較的紹介を頼んで上手くいきやすい分野です。また、**具体的な商品のある物販も強い**ですね。

こうしたビジネスをされている方は、ぜひ紹介が起こる仕組み作りをしっかり行って、紹介されやすくしましょう。

一方で、**ダイエット系やカウンセリングなど、商品やサービスを利用していると他人に知られたくないような分野だと、なかなか紹介は起こりづらい**もの。

むしろ、下手に紹介を頼んでしまうと失礼になって、お客さまからの不信を招きかねないので、十分に注意しましょう。

こうした分野で紹介をお願いするときは、**まず想いを話すことから始める**のをおすすめします。

例えば、離婚カウンセラーだったら、「私、離婚を通して幸せな女性を増やしたいんです。もしお客さまの周りで離婚がらみでお困りの方がいたら、お力になれるかもしれません」くらいにお伝えしておきましょう。

人に利用しているのを知られたくない商品やサービス、というのは、裏を返せば切実なニーズに結びついているということ。

例に挙げた離婚も当人にとっては重大な問題ですし、メンタルを崩された方にはカウンセリングは必要なものです。

そうした方たちに届けたいから、という想いをベースにお伝えするようにすれば、身近に実際に困っている人がいるお客さまは紹介しやすくなります。

また、**あなたの周りに○○で困っている方はいませんか、という切り出し方は、どの分野でも使える**のでぜひ使ってみてください。

お客さまの声などを掲載するときにチラッと〝紹介〟というキーワードを混ぜておくのも有効なテクニックです。

「私の信頼する友人から紹介されてこのダイエットを受けました」というふうに書かれているのを見ると、「そうか、誰かに紹介するっていう手もあるんだ」とお客さまの頭の中に刷り込まれて、抵抗感がなくなります。

紹介するって当たり前なんだ、とお客さまに思って頂ければ成功です。

POINT

ただ「紹介してください」だけではダメ。しっかり紹介される仕組みを作ろう

「うちではそれ、できません！」でお客さまの信頼が得られる

どの商品やサービスでもそうですが、できること・できないことは必ずあります。

リラクゼーションやカウンセリングなど施術やセッションを行うサービスだと、妊婦さんやうつ病のお客さまがいらっしゃることもありますよね。

それは対応できないと、予約や案内でどれだけ伝えていても、お越しになる方は一定数います。

そういう場合は**しっかりと、お断りするのが大切**です。

特に、医療で対応しなければならないお客さまに、「できます」と言ってしまうことは、のちのち大きなトラブルに発展しかねません。**お客さまのためにも、店のためにも、線引きすることが不可欠**です。

ぎっくり腰の人がリラクゼーションサロンに来てもどうにもできない、というのは想像できると思います。

なので、その症状を改善できる、と伝えてはならないわけです。

「ぎっくり腰にならないためのケアはできます。しかし、なってしまったあとは病院にかからなければ対応できないので、お医者様にご相談ください」――このように、丁寧に説明しましょう。

医療的な面での線引きは一番わかりやすい例ですが、他にも注意したい点があります。それは、**今できることと、将来的にできることとの区別**です。

例えば、皮下脂肪がゴツゴツしてしまったセルライトの除去。これは1回の施術で取り除くことは不可能です。長期的にセルライトができにくい身体を作って、それ以上ひどくならないようにする、という長期間での取り組みが必要になります。

「最初の施術でできるのは、少しスッキリ感が出たり、むくみが多少解消されたりする程度。それを積み重ねていけば、将来的に悩みも解消されます」というようにお伝えすることが大事です。

肩こりなども同じです。慢性化した症状は、一度で極端に良くなることはありません。だからこそ、定期的に通って、徐々に良くしていきましょう、とあらかじめお伝えしておく必要があります。

お客さまに**症状の改善を数字で伝えておくのも1つの手**です。

MAX10だと今日の施術で7くらいにはなります。3か月ほど通ってもらえれば、だんだんと3くらいまで落ち着いてくるので、定期的に通ってくださいね――このようにお伝えすれば、お客さまにもイメージしてもらいやすくなるでしょう。

今できることと将来的にできることを混同して説明すると、お客さまに「一度ですべての悩みが解決できる！」という誤解を与えかねません。

そうならないためにも、**この2つを別々に分けてご案内するようにしましょう**。

できないことが明示されることでお客さまの信頼が生まれ、それがリピートにもつながっていきます。

POINT

できること、できないことを明確に線引きすると、お客さまの信頼を得られる

6

お客さまが心地よい連絡方法を確かめておこう

お客さまとの連絡方法、何を使っていますか？

一昔前はダイレクトメールや電話しかありませんでしたが、インターネットが普及してからは電子メールやSNSなど、コンタクトの手段は一気に多様化しました。

たくさんある中でどれを選べばいいのか……その答えは1つ。

そのお客さまが一番心地よいと思っているものを使う、ということです。

どんなに便利で効果がある連絡方法でも、それを使ってお客さまが嫌な思いをしてしまっては、まったく意味がありません。

特にサロンなどに通う既婚の女性は、旦那さんに内緒で通っている場合もあります。そんなとき、うっかりダイレクトメールを送ってしまっては、大クレームに発展しかねません。

だからこそ、初回で何の連絡方法が良いか、確認しておきましょう。ヒアリングシートやアンケートフォームに記入してもらう際、お客さまが好きな連絡方法を選んでもらうのです。

基本的にはお客さまが選んだ方法で連絡しますが、それが通じなかった場合を考えて、他にもいくつか聞いておきましょう。

できれば、電話番号とメールアドレス、それからＳＮＳと、確実に連絡できる手段を2~3個確保できれば安心できます。お客さまが抵抗がないようであれば、住所も聞いておくといいでしょう。

数あるＳＮＳの中でも、**連絡を取るのに一番オススメなのはＬＩＮＥ**です。

仕事に使う際はプライベートアカウントではなく、必ず公式ＬＩＮＥを用意してください。公式ＬＩＮＥを使えば、登録してくれた人全員にメッセージを送ることができます。このメルマガ的な機能は集客で大変役に立ちます。

また、公式ＬＩＮＥではクーポン機能や抽選、ショップカードなど、様々なシステムが無料で使えます。メッセージ送信の回数制限こそあるものの、これを使わない手はない、というくらい機能が充実しているのです。

なお、ＬＩＮＥでの発信は多少セールス色が強くても問題ありません。キャンペーンや空き情報など、お客さまに来てもらうための内容をどんどん発信していきましょう。割引クーポンもお客さまに喜んでもらいやすい投稿です。

更新頻度は、こちらも週に一度くらいが適当だと感じます。忘れられない程度に、定期的に配信していきましょう。

ＬＩＮＥで積極的に活用したいのは、絞り込み配信機能です。

新規のお客さま、既存のお客さま、ＶＩＰのお客さま、というように１人１人のお客さまにタグ付けができ、そのタグごとに配信できるので、集客に有効活用できます。

例えば、既存のお客さまなのに新規層向けのキャンペーンばかり来ると、嫌な気持ちにさせてしまうのは想像できますよね。最悪、失客にもつながりかねないので、避けたいところです。

絞り込み配信を使えばこうしたリスクも簡単に回避できますし、ＶＩＰのお客さま向けの施策もしやすくなるので、ぜひ取り入れてみてください。

このように万能に思えるＬＩＮＥですが、落とし穴もあります。アカウントが突然ＢＡＮ（禁止）されたり、お客さまからブロックされて、音信不通になってしまったりする可能性があるのです。

だからこそ、**他の連絡手段を聞いておくことがリスクヘッジになります。**

おばあちゃんでもＬＩＮＥを使っている時代ですが、それでも連絡は電話がいい、という方もいます。そんなお客さまに電話を使うと好感を持ってもらえます。もちろん、お客さまの許可があってこそなので、最初に「お電話で連絡差し上げてもいいですか」と確認するようにしておきましょう。

それぞれのお客さまが希望した連絡方法で、定期的にコンタクトをとっていく。こうした地道な積み重ねが、やがて大きな集客につながっていきます。

POINT

お客さまには好みの連絡方法がある。何が良いか最初に聞いておこう

7

使わないともったいない！　ＳＮＳでビジネスを大きく広げる方法

インスタグラム、Ｘ（旧Ｔｗｉｔｔｅｒ）、Ｆａｃｅｂｏｏｋ……もはや無視できないほど、現代ではＳＮＳの力は強大になりました。

それはビジネスにおいても例外ではなく、特に**集客においてはこうしたツールをいかに使いこなすかが鍵**になっています。

私が印象深く覚えているのは、ある大手自動車メーカーのキャンペーン。スキー場で、プロのレーサーが運転手になってドリフト体験できる、というものでした。参加条件は、ＸなどのＳＮＳでメーカーのアカウントをフォローし、タグ付けをして投稿すること。ネット上で広く拡散されました。

このように、大手企業もＰＲに使っているＳＮＳ。アカウントは無料で作れますから、使わない手はありません。

一番手っ取り早いのは、先ほどの大手自動車メーカーの例にあるようにキャンペーンを絡めることです。

①お店のＳＮＳアカウントをフォローしてもらう。

②お店へメンション&タグ付けしてＳＮＳに投稿する。

③投稿が確認できたら、次回来店時にクーポンやノベルティをプレゼントする。

こうしたキャンペーンは、業種に関係なく開催できます。

キャンペーン以外にも、**お客さまが思わずＳＮＳに投稿したくなるような仕組み作りも必要**です。

飲食店であれば、写真映えするようなメニューを取り揃える。サロンであれば、施術前後の写真を撮ってあげる。撮影用のパネルや、思わず撮りたくなる小道具セットを準備するのも効果的です。

写真の場合は、お客さまのカメラで撮ってあげたり、美肌アプリを使ってあげたりするなど、お客さまがＳＮＳにアップしたくなるひと工夫を加えることで、より投稿してもらいやすくなります。

このように、**ＳＮＳにお店のことが投稿されると、それを見たお客さまの友人が来店してくれる、という効果も見込めます。**

店サイドから発信してもなかなか刺さりづらいなか、友達の投稿、というのはそれだけで信頼感があります。こうした口コミの力は本当にすごくて、私もサロンを経営していたとき何度もその威力を目の当たりにしました。

とはいえ、せっかくお客さまに投稿してもらっても、お店の情報がわからないと、効果は半減してしまいます。ハッシュタグやメンションは、必ずしてもらうようにしましょう。

しかし、ＳＮＳも様々ですから、どれを選んでいいか迷う方もいると思います。**ターゲットが女性だったり、お店がサロンやファッション、ネイル、物販系だったりする場合は、圧倒的にインスタグラムがオススメ**です。

インスタでは最近、マップ機能が導入されるなどシステムが充実してきています。例えば、練馬区でハッシュタグ検索をすると、練馬区内のお店がマップ上に表示されるのです。そこをタップするとそのままお店に電話できるので、インスタで予約まで完結できます。

ＹｏｕＴｕｂｅだと動画編集が必要なのでちょっとハードルが高いですが、インスタだとスマホのカメラでライブができて手軽です。それで実際インスタグラマーがアパレルやネイルを紹介して、どんどん売れるという現象が起こっています。

一方で、**拡散力ならやはりＸが強い**です。インスタにはない、リポスト（既にある投稿をワンタップでそのまま自分のタイムラインに投稿する）機能があるので、バズり狙いならＸがいいでしょう。

私見ではありますが、**ユーザーの年代層が幅広いのもインスタとＸ**だと感じます。もしまだ導入していなければ、この２つから選んでみてください。

顔出しに抵抗のある方もいらっしゃると思いますが、お面をつけるなど、素顔を晒さなくてもできる方法はいくらでもあります。

ＳＮＳをどんどん活用して、将来のお客さまに必要な情報を届けていきましょう。

POINT

ＳＮＳをうまく使うと、お客さまがお客さまを呼ぶ仕組みができる

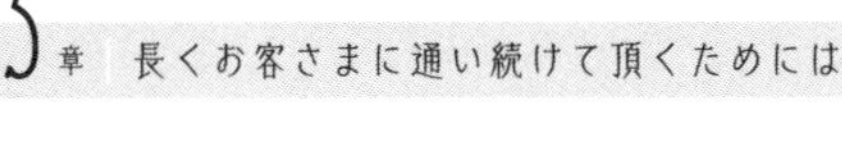

SNSのアカウントを作るときに気をつけるポイントとは

インスタグラムやＬＩＮＥを始めても、まずどこから手をつければいいかわからなかったりしますよね。

ここでは、インスタとＬＩＮＥで最初に設定しておきたいこと、ＳＮＳのアイコンはどうすべきかなどをご説明します。

まず、インスタについて。

プロフィール欄に、次のような情報を書きこみましょう。

●屋号（例／○○ビューティー）

●地域名（例／練馬区）

●何のお店なのか（例／美容室）

●もしあるなら、お店特有の専門性（例／髪質改善、カット専門）

また、**インスタもビジネスアカウントであれば住所や電話番号が入れられます。見てくれたお客さまがすぐ連絡を取れるよう、ここもきちんと記載しておきましょう。**

続いて、公式ＬＩＮＥについて。

名前は屋号に、アイコンはプロフィール写真に設定します。

公式ＬＩＮＥで注意したいのが、登録してくれたお客さまに初めに届く挨拶文のメッセージ。これは初期設定の文章が既に入ってはいますが、そのままだと少し違和感があります。忘れずに、自分のお店に合った文章に直しておきましょう。

例えば、うちはこういうお店でこういうウリがあります、こういう情報発信をするのでぜひチェックしてくださいね、というふうな感じです。

お客さまに、登録してくれた公式ＬＩＮＥはどういうものなのか、わかるような挨拶文にしましょう

アイコンについてですが、私は２つポイントがあると思っています。

1つは、**すべてのSNSアカウントで共通のものを使用すること。**

そしてもう1つは、**ロゴなどではなく個人のプロフィール写真にすること**です。

すべてのアカウントで共通のものがいい理由は、別々の写真・画像にするとお客さまが迷いやすくなってしまうからです。

ホームページに大きく映る写真などでも、多少角度が違っていても洋服や髪型はアイコンに使用しているものと一緒にすることをオススメします。

そして、個人のプロフィール写真を使うことについて。これは、特にSNSは1対1のコミュニケーションが大事になってくる場なので、**自分の顔を出していることが一番の信頼獲得につながる**からです。

もちろん、顔出しに抵抗がある、NGだ、という方もいると思います。顔を出さなくてもSNSは使えますし、マストというわけではありません。

それでも、私のサロン経営講座の受講生さんを見ていると、顔出ししたほうが確実にフォロワーは増えますし、お客さまとのやり取りもスムーズです。

アイコンにお店のロゴを使われる方もいますが、大手ブランドで周知されているものでなければ、クリックにつながらないという現実もあります。

ＬＩＮＥのトーク画面も同じで、お店のロゴアイコンだとまず開封してもらえません。**人間の心理的に、目と鼻と口があるものに注意が向きます。だからこそ、顔写真アイコンが効果を発揮する**のです。

個人の顔写真だとお店だということがわからないじゃないか、というご意見もあるかもしれませんが、それはアイコンをクリックしたあとプロフィールで知ってもらえれば大丈夫。まずは、アクセスしてもらうことが先決です。

トヨタですら、社長がＣＭに出てくる時代です。重要なのは、何をやっているかより、誰がやっているか——その風潮が、ますます高まっていると感じます。

ＳＮＳの効果を最大限に高めるためにも、プロフィールや挨拶文、アイコンなど、あなたの魅力が伝わるよう工夫しましょう。

POINT

ＳＮＳはプロフィール文、挨拶文、アイコンの設定に気をつけよう

9

夢を語れば、お客さまが自分のファンになる

引き出し接客では、お客さまについて質問で深掘りして、お悩みや夢、未来を明確にしていきます。

だから、ヒアリング中は基本的に徹底して聞く側に回ることになります。

一方で、**自分がどうしてその商品やサービスを提供するようになったか、どんな想いのもとで活動をしているか、ということを伝えていくのも大切**です。

特にご新規さまほど、どういう人物が接客してくれるのか、という点で不安に思われることでしょう。そのため、ヒアリングの前や、それ以外の場面で、伝えるような仕組みを作っておく必要があります。

「私のことを知らないと不安だと思うので、ちょっとだけ私のことをお話ししてもいいですか？」と前置きした上で、自分やお店の物語をお伝えしましょう。

私がサロンを経営していたときは、ご案内ブックを用意していました。会社案内のようなもので、ヒアリングに入る前にお客さまに読んでもらうようにしていたのです。

このサロンはどういうポリシーなのか、どういうサービスがあるのか……そういった情報を事前に提供しておくことで、こちらもヒアリングしやすくなり、お客さまからも質問をもらいやすくなります。

また、そのご案内ブックやブログ、メルマガで、自分自身の過去や想いをストーリーにして掲載する、ということもしていました。

私自身がアトピーだったので、同じ悩みを持つ方が綺麗な肌を保って自信を持てるようになる、そんな女性を増やしたい、というのが私の夢でした。それをお客さまに伝えたり、ブログで発信したりすることで、すごく共感してもらえたんです。

すると、お客さまの間でも「こういう夢を持っている人なんだ、応援したいな」と思って頂けて、ありがたいことに紹介がすごく増えました。また、リピートで来てくれるお客さまもとても増えたんです。

このように、人はストーリーにひきつけられるものです。だからこそ、あなたのストーリーをお客さまに向けてどんどん発信していってください。

いちばん響くストーリーは、いわゆるヒーローズジャーニーのお話。つまり、自分にダメダメな過去があって、そこから試練を乗り越えて、欲しいものを手に入れたというお話です。

ここで大事なのは、人が驚くような話でなくて良いから、リアルな体験を語ること。

ドラマのようなすごい経験でなくたっていいんです。むしろ、誰もが体験したことのあるような悩みで大丈夫。

例えば、私もアトピーの他に、思春期から続く外見コンプレックスがありました。私は背が高いし、体形ががっちりしています。スポーツ選手ほどではないのですが、それが原因で男子にちょっとからかわれたことがありました。

他人が聞くと、そんなに大した話でもないかもしれません。誰にでも子ども時代にそんな経験はあるのではないでしょうか。

「ちょっとニキビができてて」とか、「髪のクセがコンプレックスで」とか、「ぽっちゃり体型で」とかそのレベルのお話で十分です。

そんな話をお伝えしていると、**皆さん同じような経験があるぶん、よけいに共感しやすくなる**のです。

自分自身の経験以外でも、周囲の人との関係や、お客さまのエピソードもいいでしょう。お母さんが病気だったのでそれを治したくて、とか、お客さまがうちのカウンセリングを受けて立ち直れて、といったストーリーです。

そうして語ったぶんだけ共感を呼び、お客さまがあなたのファンになってくれます。そして、あなたの元へお客さまを運んでくれるのです。

POINT

自分の個人的なストーリーを語ることで、自分のファンになってもらう

10

お客さまの夢を引き出し、一緒に創る、伴走者になる

深掘り質問によって引き出し接客を続けていくと、単に「売る側／買う側」を超えた関係がお客さまとの間に築かれていきます。

それは、お客さまの行きたい未来や叶えたい夢を一緒に構築するパートナー、というもの。

質問によって悩みを深掘りしていくと、お客さま自身も気づいていないような深いものだとわかったり、あるいは店に来たときは考えもしなかったような未来や夢を思い描けたりするようになる、ということが多々あります。

引き出し接客を通して、お客さまのビジョンが明確になってくるのです。

わかりやすいのが、ダイエットサロンでの事例。

来店したとき、たいていのお客さまは太ってきたから痩せたい、くらいのお気持ち

です。それを引き出し接客で深掘りしていくと、ご本人が思いもよらないような本音が出てきたりします。

深掘りするときは、悩みをまずしっかり掘り下げてから、「お悩みが解消されたらどんなお気持ちですか？」「解消されたら何かやってみたいことってあるんですか？」というふうに未来に向けて質問の軸をシフトしていきましょう。

すると、「憧れの女優さんがいて、あんなふうに歳を重ねても綺麗な女性でありたいってすごく感じました」というような、深い回答が出てきたりします。

ダイエット以外でも、肩こりに悩んで整体に来たお客さまも、想像しやすいと思います。

今の症状がどれだけ辛い悩みなのかはもちろんのこと、解消できたらしたいことともしっかり深掘りして尋ねましょう。

身体の不具合などでお悩みの方の場合、昔やっていたスポーツや、手芸などの趣味が再開できそうだ、と楽しそうにお話ししてくれることが多いです。

そんな**未来の明るい展望を、ぜひ質問でたくさん膨らませてください。**

それが十分にできたなら、来店したばかりのときと今の気持ちの違いを尋ねます。その頃には、お客さまの中でもはっきりとしたイメージが思い描けているので、絶対そうなりたいという強いモチベーションが生まれています。

このように、**モヤモヤした悩みやフワッとした夢が、質問に答える中でだんだんと固まっていく**のです。

深掘り質問でお客さまの悩みや夢、未来を明確にできたら、「それって1人でできそうですか」と尋ねましょう。すると、多くのお客さまはムリだと答えます。

そこで、「それでは、私がお手伝いします」とお伝えしましょう。

このように深掘り質問で丁寧にヒアリングすることで、あなたはお客さまの行きたい未来へ行く伴走者になります。そうなるとあなたからは離れられません。

単なるセールスをはるかに超えてお客さまの心に響く、それが引き出し接客なのです。

POINT

自分でも気づいていないお客さまの望みを引き出すと、ファンになってくれる

おわりに

「売り込みはちょっと苦手だな」

私のサロン経営講座にはそんな方が多くいらっしゃいます。優しい方々が多いのですが、優しいからこそ、お客さまに強く売り込むことができないのです。

この本はそんな方々に向けて書きました。

私自身は現在、接客や集客をお伝えする仕事をしています。その中で最もお伝えしたいことは「もっとお客さまと向き合おうよ」ということです。

私自身も体験したことですが、質問の仕方を変えるだけで、お客さまとの距離感がグッと縮まります。そして、ウソのように売れていくのです。

さらに大事なことが、接客を変えるとすぐ売り上げが上がるし、自分のセルフイメージが高くなって、自信がつくということです。そうやって、どんどん売れる人に変わっていきます。

自分自身もそうだったし、講座の多くの受講生さんがそうやって変わっていくのを見てきました。

私は集客も教えているのですが、やっぱり集客は意識がテクニックに偏りがちです。でも私は、「集客ができない本当の原因は、接客をしていないからじゃないの」と思うのです。

皆さん「集客できない、集客できない」と仰いますが、それは集客の問題ではありません。というのも、お客さまと対話をしていれば、そこに集客の材料があるはずだから。

1人のお客さまをとことん深掘りして、お客さまの本当の気持ちや本当の悩み、そして実現したい未来を聞き出す。その先に集客もあるのです。だから、集客よりも接客に目を向けてほしいと思います。

多くの受講生さんと接してきて思うことが、皆さん言語化ができないということです。

言葉にできないから集客活動に苦戦する。お客さまとツーショット写真を撮りたくても言えない、そんな感じなのですね。

でも、自分が言語化できなくても、お客さまに質問して、その答えを言語化していけば良いのです。

それができないとすれば、それは接客をしていないから。つまり、お客さまに質問していないから、言葉にできないのです。

ここまで何回も繰り返してきたことですが、もう1回お伝えします。

お客さまに質問してください。どんどん深掘りしてください。その先に、あなたとお客さまの未来があります。

ここまで読んで頂いてありがとうございました。あなたのビジネスがうまくいって、大勢のお客さまを幸せにすることを心より願っています。

鈴木夏香

2023年8月

本書をお読みくださったあなたへ

感謝の気持ちを込めて プレゼントのご案内

私、鈴木夏香よりこの本をより活かすための
プレゼントをご用意させていただきました！

プレゼント内容

特典１

＼リピート客がぐんぐん増える／

カウンセリングトークテンプレート（PDF）

特典２

＼さらっとクロージングできる／

アフターセールステンプレート（PDF）

詳細は下記よりアクセスください

https://net-salon.info/repeat.html

※特典の配布は予告なく終了することがございます。
※PDFの資料はインターネット上での配信となります。
※このプレゼント企画は鈴木夏香が実施するものです。
プレゼント企画に関するお問い合わせは「https://net-salon.info/」までお願いします。

鈴木 夏香(すずき・なつか)

小さなサロン集客の専門家／リンクアンドサポート株式会社代表取締役

法政大学社会学部卒業後、百貨店に勤務し、接客のスキルを習得。接客大賞を受賞する。その後、副業のネットビジネスでSEO・ブログライティングを磨き、月商300万円、総額4,000万円以上の売り上げを叩き出す。さらに出産を機に、子育てしながらできる仕事として自宅サロンを開業。最高月商100万円・リピート率90%以上。また物販でも成果を出し、売り上げの2割以上を占めるようになる。現在はサロン経営コンサルタントとして、小さなサロン向け実践講座で延べ600名以上のサロン経営者を輩出。そこで指導する「魔法のリピートカウンセリング」が本書の引き出し接客のメソッドの原型となっている。

売り込みが苦手な人のための 引き出し接客

2024年2月6日　　初版発行

著　者　　鈴木夏香
発行者　　和田智明
発行所　　株式会社 ぱる出版

〒160-0011　東京都新宿区若葉1-9-16
03(3353)2835－代表　03(3353)2826－FAX
印刷・製本　中央精版印刷(株)
本書籍に関するお問い合わせ、ご連絡は下記にて承ります。
https://www.pal-pub.jp/contact

ISBN978-4-8272-1425-3　C0030